U0683736

问道财务 决胜千里

把脉现金流，促进企业"血液循环"

知名青年会计学者，联合企业财务总监

教你玩转现金流

问道财务

50种

掌控现金的手段

吉利 蔡丛光 主编

西南财经大学出版社
SOUTHWESTERN UNIVERSITY OF FINANCE & ECONOMICS PRESS

前言

血，是循行于脉中的富有营养的红色液态物质，是构成人体和维持人体生命活动的基本物质之一。

企业从一笔现金投入开始运转，从生产场所的建造、机器设备的配备、原材料的采买、工人工资的支付，然后到产品被生产出来，再售卖出去。从现金到固定资产、到存货、到应收账款，然后再回到现金的转换，是企业运转的核心，也是企业生存的根本。

因此，现金流对企业而言，就像人体的血液循环一样，只有血液充足且流动顺畅，人体才能健康。企业亦是如此，现金流断裂的企业，如同失血的人体，一刻也无法生存。良性循环的现金流，才可以使企业健康成长。

管好现金流，促进企业"血液循环"，就靠"生血"、"养血"和"活血"！

气血足，则百病不生。为企业生血，就是要扩大现金收入。从收入来看，售卖出去的产品都收到现金了么？企业账面"赢利"了，但真的"赚钱"了么？再逆向思维：没有售卖出去的产品可能预先收到现金么？"空手套白狼"的高招在商战中可行吗？

养血，是治疗血虚的方法。血虚是因血不足致脏腑组织失于濡养所表现出来的症候。为企业养血，就是要高效运用现金，把有限的资金用在"刀刃"上，最大限度地提高资金的经济效益和时间价值，同时，也要保证资金的安全。

活血，是畅通血脉、消瘀散滞的一种治疗法。为企业活血，就是要加速现金周转，避免现金过长时间停留于某种实物形态，使局部"血脉不畅"或"阻滞"。比如，存货可用于抵押融资，应收账款可以证券化变现……

本书由高校会计学者和企业财务经理共同编著，为那些正在探寻企业"财务之道"的读者，给出现金流管理的基本内容，即扩大现金收入、高效运用现金和加速现金周转。以上问题，都可以在本书中找到答案，并让你有更多的手段保证企业现金流顺畅，维系企业的"血脉"畅旺！

编　者

目录

一、开篇 认清现金流

生血篇　扩大现金收入

养血篇　高效运用现金

活血篇　加速现金周转

● 现金流，企业的"血脉"

导读小故事

从前，一位富翁在集市上闲逛，肚子饿了，可身上一分钱都没带。恰好经过一个包子铺，就跟店主商量：我很有钱，很多人都欠我的账；不过，我现在手头没有钱，让我先吃几个包子，等他们还我钱之后，我再付给你，好吗？

包子铺做的是小本买卖，店主没有答应富翁。富翁只好饿肚子了。走着走着，他看见有家布铺的货很不错，心想拿到自己家乡一定能大赚一笔。所以，他跟店主商量，先赊一批货，改天再付款。布铺的店主也没有同意。

富翁再富，手里没钱都是白搭，还得饿着肚子，看着好好的投资机会白白溜掉。企业也是，只是账面赢利但没有现金流，想做什么都很难。因此，不能单纯地秉承着"利润为上"的经营观念，不然类似的事情就不会仅仅出现在故事中，而是会光临你的企业。

手段一：现金真是"包罗万象"

现金，指的是货币形式的流动资产。我们日常使用的货币只是现金的"冰山一角"，另外一大部分冰在水下藏着。现金也包括支票、信用卡等电子货币。现金之所以这么容易遭人偷窃，就是因为现金对主人的"忠诚度"是所有资产中最低的。也就是因为这样，在资产中它的流动性最强。实际上，现金对于企业就如同血液对于人体一样，缺少了它，身体将无法正常运转，人体细胞会因窒息而死亡。

从前有个吝啬贪婪的富翁，他一生中只有三个朋友。一个是协助他去欺骗别人的律师，一个是帮他管钱的会计师，还有一个是给他心理安慰的牧师。

富翁临死的时候，把他的三个朋友都叫来。他说："我富裕了一辈子，不能忍受进坟墓时一贫如洗。我给你们每人一个信封，里面各装着 50 000 美金。我要你们答应我，在我死后将这些信封放到我的棺材里。"这三人都答应了。不久，富翁死了。在葬礼上，这三个人走过棺材时，每人都放了一个信封到棺材里。封棺后，这个富翁就下葬了。

不久之后，当律师、会计师、牧师再聚在一起时，牧师说："你们要知道，因为我想到了我们教会中的穷人，而且钱放到坟墓里也会烂掉，所以我把 50 000 美金都留下了，没有放到棺材里。"律师说："富翁经常要我免费提供法律咨询，我觉得他欠我一笔钱，所以我留下了 25 000 美元，只放了 25 000 美元到棺材里。"最后，会计师说："我简直不相信你们会这样做、会这么不道德。我要告诉你们，在我的信封里装的可是一张金额整整为 50 000 美元的支票。"

案例中会计师的狡猾之处在于：会计准则认为钞票是钱，支票也是钱，给支票和给钞票没什么区别。于是他开出了一张永远不会兑现的支票去欺骗死人，而他自己可以心安理得地侵吞富翁的财产。会计上的现金主要包括四种资产。

1. 库存的现金钞票

库存现金是企业为了满足经营过程中零星的支付需要而保留的现金。企业保险柜中的现金、营业门市部的周转零钞等都属于库存现金。

2. 银行存款

银行存款是企业存放在银行和其他金融机构的货币资金。企业有各种各样的银行存款，主要包括：结算账户中的活期存款、定期存款，包括用于开立信用证、银行汇票的存款。银行存款可以通过银行汇票、支票、电汇、本票等方式进行支付。

在上面的故事里，会计师利用支票支付和现金支付一样的会计概念，狡猾地完成了富翁的遗嘱并侵吞了财产。

3. 信用卡存款

信用卡是一种信用支付工具，按使用对象分为单位卡和个人卡。现在流行用信用卡进行结算。消费完后金卡一刷就结账了，潇洒方便，免去了带巨额现金的麻烦。信用卡中的存款在会计师眼中也属于现金。发展信用卡，主要是为了减少现金的使用。为防止人们利用信用卡套取现金，中国人民银行《支付结算办法》中规定单位信用卡一律不得支取现金。

4. 有价证券

企业如果手中有临时闲置的资金，就可以购买一些国库券、金融债券或股票，使资金价值增大。进行有价证券投资，一般其收益比银行存款要高，但企业也要有所选择，尽量选择投资风险小而收益率相对高的证券进行投资。

总之，在会计师眼中，现金不仅仅是钞票，还包括银行存款、信用卡存款和有价证券等。因此，在分析公司的现金状况时，要把以上四种资产结合在一起分析考虑。

手段二：现金为王——企业"长生不老"的秘方

随便问一位管理者他的企业效益如何，得到的回答必然都是"我们公司去年的利润是多少万元，今年预计能达到多少万元，比去年增长百分之几"。在很多管理者眼里，企业的经营目标归根结底就是利润最大化。只要利润达到目标，其他一切都好说。企业绞尽脑汁获得了辉煌的业绩，实现了可观的赢利。这时，管理者如果以为从此可以高枕无忧，那就错了。

因为即使通过各种"开源节流"的手段实现了赢利，企业仍有可能面临一个致命的挑战。不少企业账面上都能实现赢利，但手头的资金仍然很吃紧。亏损的企业缺钱并不奇怪。赢利的企业也缺钱，问题就更严重了——虽然按照常理，它们本应"不差钱"。其实主要原因在于管理者的观念不正确。"利润最大化"指挥棒让企业上下都为利润而努力，但利润具体是怎么实现的，管理者却不太关心。在这样的管理理念的影响下企业可能会面临即使赢利也"差钱"的窘境。

一些管理者也常会把"获得的利润迟早会变现的，所以不用担心当前的资金问题"这样的话挂在嘴边。但手中没钱，对于企业来说会有较大的风险。下面我们来看一个真实的故事：

传媒大亨默多克在20世纪90年代初建成了一个每年营业收入达60亿美元的报业王国。他控制了澳大利亚70%的新闻业、英国45%的报业，又把美国相当一部分电视网络置于他的"统治"之下。但在当时，他欠的债遍布全世界，共有146家债主。

以默多克的实力，在经济环境正常时，偿还债务是没有问题的。但天有不测风云，在1990年西方经济出现了衰退，默多克的报业王国仅仅因为1 000万美元的一笔小债务而差点破产。起因是美国匹兹堡的一家小银行，贷给默多克1 000万美元的短期贷款，一般这种贷款到期后都可以延期。但不知哪里听来的风言风语，这家银行认为默多克的支付能力不佳，通知默多克贷款到期必须全额偿付现金。默多克起初并不在意，因为他在澳洲资金市场上享有短期融资的特权，期限为一周到一个月，金额可以高到上亿美元。他派代表去融资，结果大出意外，对方说默多克的特权已被冻结了。随后默多克发现，所有的银行都不肯向他贷款。后来，直到他最大的债主花旗银行出面，问题才得到解决。半年后，默多克才摆脱了财务困境。

人们往往在失去一样东西之后才觉得它重要。默多克这样的大亨不屑一顾的区区 1 000 万美元的债务，居然差点让他破产，其中最直接的原因就是他手头根本就没有那么多现金。

手段三："点"出来的现金

2001 年日产汽车发生了亏损，但陷入巨额财政赤字危机的日产汽车，仅仅在一年后便实现了赢利。原来是被称为"奇迹之父"的卡洛斯·戈恩，将减价折旧费的计算标准从定率法转为了定额法。这样一来，日产汽车瞬间便产生了超出 700 亿日元的赢利。然而像这样的操作，虽然能够实现财务报表上的赢利，但事实上，日产汽车的实际赚钱能力并没有任何提高。

除了改变资产的折旧法外，会计学上还有很多其他的方法可将利润表粉饰得光彩夺目。甚至可以毫不夸张地说，会计学上的规则在不同的国家和地区都有不同的计算方式。

收入不等于收钱，费用也不等于付钱；利润是"算"出来的，现金却是"点"出来的。算可以有不同的算法，根据不同的算法我们可以得出截然不同的利润水平；而点却只有一种点法，那就是一块钱加一块钱，你必须真有一块钱才能加进去。

美国前证券管理委员会执行委员哈罗德·威廉斯就曾说："如果让我在利润信息和现金流量信息之间做一个选择，那么，我选择现金流量。"对于一位企业家来说，追求的不应当是停留在账面上的会计利润，而是挤去企业利润中的水分，留下的真实的现金流——能够真实地反映在现金资产中的现金利润。如果企业仅有账面上数目巨大的利润，但没有现金净流入，说明企业的利润并没有转化成手中的"真金白银"。此时，这位需要进行正常的生产经营的"巧妇"也会面临"无米之炊"的困境。造成企业破产最直接的原因大都在于企业手头的资金不能偿还企业背负的债务。这跟一个人失血过多无法维持生命是同一个道理。现金流是企业的血液，我们应积极保持健康的现金流，让企业在"血液畅通"的环境中稳健发展。

在外围环境不好的情况下还能保持较高的流动性及稳健经营的企业，都具有一个共同的特征，那就是不缺钱。备受关注的海尔集团也对现金流推崇有加，海尔的第 13 条管理规则就是一句看似平淡无奇的话：现金流比利润更重要。我们应该深信不疑：利润丰厚不一定能让事业成功，但现金流可以！

同样，新东方教育集团董事长俞敏洪也非常看重现金流。2005 年他接受记者采访时谈道："新东方本身就是现金流型的企业，学员或者企业先付钱，新东方再对其进行培训。到现在为止，新东方始终把握的基本原则是：账面上的可支配现金必须能够抵挡任何时候可能发生的最极端的问题。"我们从新东方的成长轨迹可以看到：当新东方办学刚刚进入轨道之后，他就硬性规定必须长期在账上保留两个亿的储备金，一般情况下都不允许使用，以备特殊情况需要。于是在 2003 年"非典"时期，当几乎所有的培训机构被迫停课并向学员退还学费、很多机构因资金周转而命悬一线时，新东方却轻松地渡过了这场危机，保住了新东方的品牌，同时也保住了新东方的未来。

而像新东方这样具有有备无患战略眼光的企业毕竟有限。据统计，民营企业平均寿命越来越短，存活达到 10 年的还不到 5%。这往往是因为一些企业平时缺乏对"现金流"的重视，为了积累资本，加快扩张，不惜透支信用举债，大量赊销和备货，遇到突发事件，就很容易造成资金链断裂。因此，只有现金流充盈的企业，大多数情况下资金链才不会断裂，生命力才不会衰竭。

手段四：“百鸟在林，不如一鸟在手”

“百鸟在林，不如一鸟在手”。在企业经营领域，即使账面利润再高，如果没有形成企业能随时用于支付的现金，那也没用。企业总不能拿着账面利润去购买所需要的原材料、支付员工工资和有关的成本费用吧？与“利润为王”不同的经营观念是“现金为王”。当然，“现金为王”并不是手持现金，不再进行投资。手持现金若是不流转，就会成为一潭死水，无法带来收益。

欧洲时尚品牌公司 Prada 2007 年销售额比上年增长了 17%，达到 25 亿美元，2007 年净利润比上年增长了 66%，达到 1.87 亿美元。但同时，他的现金流量在总收入中所占的比例仅为 19%，低于许多竞争对手。公司支出 1.72 亿美元用于偿还巨额债务的利息，由此切断了业务扩张所需的现金供给。因此该公司在开设新店及其他资本支出方面的投资仅为 1.38 亿美元，而与之规模相当的 Hermes 公司投资了 2.29 亿美元。

有利润回报但现金流不足以致业务扩展所需的资金短缺，这种情况在我国许多企业都存在。应当注意到，良好的业绩应当是丰厚的利润和充足的现金流并举。

“现金流”被喻为企业的血液。因此，企业经营者要时刻绷紧这根弦，慎重制订计划，提前准备资金，让业务始终处于上升势头。

企业关于现金流的财务策略应该是——在市场上，无论是“冬天”还是“春天”，都应永远保持进攻的姿态，这样才能顺利到达收获的“秋天”。如何在危机中解决生存问题并能找到机会发展，那就是在进攻中防御、在防御中进攻。通过设法造血、努力养血、积极活血等方式来“活血化瘀、强身健体”。

设法“造血”——简单地说，就是在危机到来前，积极探索、研究低成本融资方式并抓住机遇果断实施，最终以大大低于银行利息的成本成功融资，加速应收账款的回收，扩大现金收入使企业可以相对安全地过冬。

努力"养血"——严格控制现金的支出，既不能在投资管理上把许多现金变成固定资产，也不能在运营管理上把许多现金变成存货。以最少的现金支出得到最大的投资回报。

积极"活血"——加速现金周转。企业的资金必须要像"血液"一样流畅地循环。"血液"循环速度如果太慢则会引起"气滞血淤"，对企业财务风险有重大的影响。周转速度制约着企业的资金周转速度及占用资金的水平，也综合反映了企业的经营效率和流动资产质量。

企业应该在多种场合不遗余力地把"造血"、"养血"、"活血"等理念推广开去，即使在不景气的日子里也能乐此不疲。

不怕没钱赚，就怕链条断。危机下企业现金流饥渴的时间和强度难以预测，能大幅增加经营活动现金流和筹资活动现金流无疑是比压缩成本和费用更见效的"过冬棉衣"。谁都知道，亏损可以使企业存活一段时间，但资金链断裂的企业如同失血的人体，一刻也无法生存。

● 企业的起点是现金，终点也是现金
——企业的"血液循环"图

导读小故事

投资者若想成功创办一个公司 A，他必须凑齐足够的钱去展开业务活动，例如要靠资金去租办公场地，买办公设备，雇佣员工，支付货款等。投资者为创办公司筹集到生产经营所必需的资金后，公司随后进入生产和销售的环节。这个投资者认为公司所面临的市场非常广阔，或者说产品销售不成问题，于是开始大规模生产。但由于其他的同行都过度关注扩大产量而无视市场变化，这种盲目而危险的行为导

致了市场供求关系不平衡，市场关系迅速从供不应求转向供大于求。于是产量供过于求引发了激烈的价格战，A公司最后分到的利润少之又少。

A公司的产品主要是靠赊销扩大销售。产品销售出去了，但是钱却没有收回，也就是"只见货出，不见款进"。企业的销售收入在增加，但是现金流量却没有相应增加。另外，生产的产品跟市场脱节，不被消费者所认可，A公司最后的产品就放在仓库里变得一文不值。老板对于每日的开销越来越吃不消，银行账户上始终见不到钱流进来。更多的麻烦来了：供应商怕收不到货款而不愿供应原材料、银行怕收不回贷款而不愿借贷、债权人天天上门催债、员工工资发不出，导致人心涣散人才流失……A公司面临的只有一条路：倒闭！

从上面A公司"短命"的成长过程，我们可以看到：企业"出生"后就需要钱供着，到最后因为没钱供了就倒闭了。

企业从"出生"就注定了它的"一生"离不开现金的约束。因此，我们说企业生于"现金"，死于"现金"——企业的起点是现金，终点也是现金。

中国人特别善于存钱，有资料显示我国的储蓄率达到35%，也就是说，中国人每挣3块钱，就有1块钱被存进银行。最终让现金疯狂起来的是银行，银行在现金大循环中是调度的节点。银行其实没有"自己"的钱，它归根到底是一种寄生行业。银行业务之所以与众不同，主要是因为银行家一直贷放的都是别人的资金，是别人为了方便或安全，而不是作为投资存放在银行的资金。银行不能直接增加社会财富，只是将现有的社会财富进行更合理的分配。不过，跟企业所有的供应循环一样，如果借贷的某一节链条断裂，整个现金循环就会崩溃。

商业活动中有一个很简单但很重要的现金循环，如下图所示：

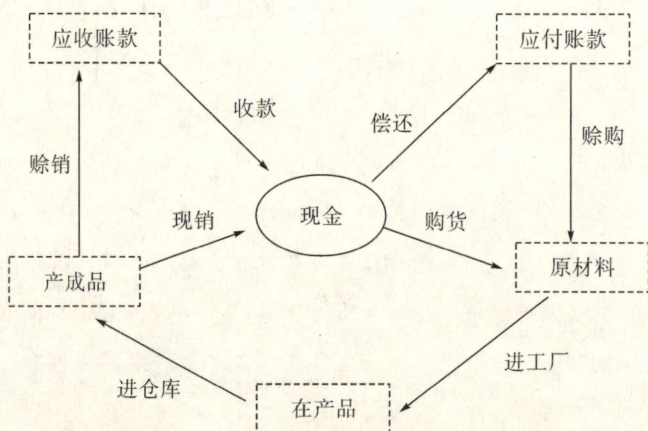

从经营的角度可以看出，企业的任何经营都是始于现金并且终于现金的。从现金开始到现金结束，意味着一个营业周期的完成。企业无论进行哪项经营活动，都离不开"钱"，就如同血液在人体中流淌一样。

获得必要数额的现金往往是企业组织生产经营活动的一个前提，收回一定数额的现金是企业资金循环完成的标志。在工业企业中，营业周期始于原材料的购买，在经过生产和产品入库之后，最后结束于产品的销售，现金循环与之对应，从付款购买原材料开始，到从客户手中收款后结束。对于商业而言，营业周期循环是始于购买用于再销售的产品，结束于商品销售，则它的现金循环是从支付货款开始到收取商品销售收入时结束。任何缩短企业现金循环周期的措施都会给企业带来很大的收益，很多企业都在尽量地缩短现金循环的周期，现金循环的周期越短，说明企业越能够降低成本减少财务风险。

然而，有些企业为了追求产量最大化，盲目地生产，使生产的产品跟市场脱节，得不到消费者的认可，那些产品就一文不值。即使为市场所需要，但不能及时销售出去，库存管理成本也会额外增加企业的负担。从财务管理的角度来看，企业更应该把存货看成企业的负债。存货需要安排人员进行管理，需要占用一定的场地及相应的措施（如通风、特定温度等），不同地点之间的存货（如生产线到仓库、仓库到销售渠道）需要运输，等等，这些都会增加企业的成本。这些费用实质上都构成了企业的负债。

更重要的一点是，以存货形式存在的资产不能为企业创造价值，未能销售出去，会使得企业整个资金链断裂。我们知道，企业存款放在银行，虽有利息，但考虑通货膨胀的影响，实际上并不划算，所以要进行投资以追求更高的收益。存货也是如此，放在企业没有利息，也不能创造价值，反而还增加管理成本。另外，市场环境变化也可能造成存货的贬值。

随着公司的不断壮大和交易额的增加，交易形式和结算方式也呈现出多样化的趋势，现金的回收周期越来越长。营业收入的回收周期变长了，但是每个月的生产购货款和各种支出不变，资金就很容易出现短缺。因为外面有很多应收账款，企业变成了"黄世仁"。可"黄世仁"也烦恼，那些应收账款要么没有及时收回，要么根本就收不回。因为应收账款烦恼就直接取消赊销也不是明智的办法。客户暂时手头紧就不对他进行销售，这样很可能导致客户流失。何况自己也有要别人缓收款项的时候。

手段五：让你的现金"动"起来

现金是用来周转的。"红顶商人"胡雪岩说商人手中的钱是用来周转的，如同用七个盖子去盖八个坛子。用九个盖子盖的话显得非常浪费，用八个盖子，傻子也会这么做。

1981 年，美国运通公司开始发售旅行支票，当时的总裁杰西·法戈用了一年的时间才认识到它的好处。因为旅行支票从购买到兑现有个时间差，这期间等于美国运通得到了一笔无息的贷款而且是现金。美国运通每天有超过 60 亿美元这种无息贷款即自由现金流量供它支配，经营旅行支票的业务只有很微小的账面利润，但是 60 亿美元用于投资将带来非常大的一笔回报。

同样，人们谈起戴尔电脑公司，总是讲它的直销模式如何如何好。实际上，它在网上销售时，总是先收钱，后交货，这中间有几天的时间差。手中握有大量可随意支配的现金，是很多网上公司的共同特点，这是它们可以微利经营甚至无利经营的根本原因。

国内一些零售业的真正利润来源并不是靠销售商品，而是靠赚取负利率。一些大卖场普遍以 90 天为结款期限，如果三个月的销售款不用还，一天销售额为 10 万的话，90 天就有 900 万，大卖场手中就一直有大额的现金在流动，而且销售额越大资金额也就越大，单把这部分钱存在银行，就会有源源不断的存款利息。

立足于资本市场与行业投资相结合的德隆投资公司利用各种融资方式进行一系列的资本运作，通过资产并购投资了 177 家企业，在一片牛市的呼声中，由于央行的一纸规定，使原本紧张的现金链最终断裂，引发了"多米诺骨牌"效应。不熟悉德隆的人都很意外，因为德隆的业绩即损益表从未有过跳水现象。

手段六：速度——企业生存之道

好莱坞有部电影专讲速度杀人。《生死时速》里的退休警官培恩为了对这个不公平的社会进行报复，在一辆满载乘客的巴士汽车里安装了定时炸弹。只要车子的速度超过每小时 50 英里就不能再减速，否则便会引起爆炸。车厢外蓝天白云，景色幽美宜人，汽车却保持着高速在公路上穿梭，炸弹随时可能爆炸的阴影笼罩在车内每一个人心头。这部电影故事很简单，但是情节却扣人心弦。这里的速度本身成了杀人的工具。

财务分析里面最常用的方式就是利用各种财务比率来分析企业的经营状况，进行商业决策，最早的比率分析出现在银行领域，主要是为了帮助银行家判断借贷的风险。资本市场形成后，财务比率成为投资人手里的罗盘，往往通过比率分析预测投资风险，决定是否投资。公司组织发展起来后，财务比率扩大到内部分析，进而改善内部管理服务，因为比率能够帮助挖掘财务报表里的深层信息，企业经营状况的任何变化都会最先反应在财务比率的变动上。

我们也可以采用财务比率来衡量企业资金流转是否顺畅。周转的效率通常用周转次数和周转天数来衡量。

$$存货周转次数 = \frac{销货成本}{存货平均余额}$$

$$存货平均余额 = (期初存货 + 期末存货) \div 2$$

$$存货周转天数 = \frac{计算期天数}{存货周转次数} = 计算期天数 \times \frac{存货平均余额}{销货成本}$$

同等条件下，存货周转次数越多，周转天数越短，说明存货周转效率越高。

例如，李宁公司在 2003 年的平均存货周转天数为 160 天。而当时耐克等知名品牌的平均库存周转天数为 70~90 天。通过一系列的措施，李宁公司的存货效率逐年提高。该公司 2008 年报表披露，其 2007 年的平均存货周转天数为 70 天，2008年则进一步缩短至 61 天。存货周转效率提高，让企业的资金流转更为顺畅，有充裕的资金用于业务拓展。从这个角度上说，存货过多，本身不仅占用资金需要企业承担额外的管理费用，还构成了一项机会成本——产品及时销售（而非形成存货）收回的资金投资于其他业务所能获得的收益。

前面说存货是一种负债，是因为它会增加企业的成本，并影响企业资金链的正常运转。其实，企业也应视应收账款为一种负债，尽管它属于企业的债权，是企业资产的一部分。

$$应收账款周转次数 = \frac{销货收入}{应收账款平均余额}$$

$$应收账款平均余额 = (期初应收账款 + 期末应收账款) \div 2$$

$$应收账款周转期 = \frac{计算期天数}{应收账款周转次数}$$

同等条件下，应收账款周转次数越多，周转天数越短，说明应收账款周转效率越高。

同样，应付账款的周转次数以及周转期计算如下：

$$应付账款周转次数 = \frac{购货成本}{应付账款平均余额}$$

$$应付账款平均余额 = (期初应付账款 + 期末应付账款) \div 2$$

$$应付账款周转期 = \frac{计算期天数}{应付账款周转次数}$$

企业应该在不影响自己信誉的前提下，尽可能地推迟应付款的支付期，充分运用供货方所提供的信用优惠。应付账款也相当于企业短期融资的一种手段。并且应付账款不要求企业为此支付利息，因此企业应该充分利用应付账款。

在财务中，人们通常采用现金周转期来衡量现金周转的速度。

现金周转期 = 存货周转期 + 应收账款周转期 − 应付账款周转期

所以，要减少现金周转期，可以从以下方面着手：加快制造与销售产成品来减少存货周转期；加速应收账款的回收来减少应收账款周转期；减缓支付应付账款来延长应付账款周转期。

很多公司最初的问题出在现金流管理上，营运周期占用了过多的现金流，引起了巨大的流动性问题，如果公司处于扩张阶段，销售旺盛，现金转换周期很长，企业必须解决好内部现金流管理的问题，否则再多现金也会被无效利用、消耗。

苹果电脑的前首席执行官乔布斯曾说："苹果和戴尔是个人电脑产业中少数能赚钱的企业。戴尔能赚钱是向沃尔玛看齐，苹果能赚钱则是靠着创新。"乔布斯的评论极有见地，戴尔与沃尔玛流动比率的变化趋势十分类似。在全球知名企业中，沃尔玛的现金周转期是做得最好的，其次就是戴尔了。戴尔公司崇尚的一句话是：在瞬息万变的计算机行业中，速度才是企业的生存之道。缩短现金转换周期是戴尔公司的法宝，戴尔向来以严格控制存货数量著称，它的平均付款时间由 2000 年的 58 天，延长到 2005 年的 73 天，和沃尔玛一样符合"快快收钱，慢慢付款"的模式，所以也造成流动比率逐年下降的现象。例如，戴尔 2000—2006 年流动比率维持在 0.98 ~ 1.4，对比之下，1990—2006 年，惠普的流动比率则一直维持在 1.38 ~ 1.60，在一般传统财务分析所认为的合理范围内。

当今金融服务与商业信用日益发达，企业之间的关系变得越来越密切、复杂。企业时时刻刻都面临着各种机遇和风险。企业必须有雄厚的资金流做支撑，才能长盛不衰基业长青，不然"一招不慎全盘皆输"。以此为鉴，比尔·盖茨坦言："微软离破产只有18个月。"当然这是他保持清醒和理智思维的自我警醒，但足以令人深思。企业的管理者、经理人，只有认识到企业即使获利但也时刻有破产危机存在，如履薄冰，才可能走上成功经营之路。要使企业能够可持续发展必须有财务资源的可持续支持，而财务资源的可持续支持就意味着企业现金流和利润的结构协调、时空平衡。

现金流动本身是一个周而复始的循环，企业要学会在这个循环当中创造价值，企业在经营策略、生产技术、存货方面的水平，基本上决定了企业的财务状况，而财务状况和现金流的通畅程度，决定了企业最后的现金流量。

总之，现金的循环运动是实现资本增值的关键环节与企业生存的基本前提。资本积累的提高是现金流量持续稳定地增长的根本。而资本增值效率的高低关键看现金周转的顺利程度，现金周转环节出现任何阻滞都会引起企业供血不足，轻则导致财务困难，对企业健康发展造成阻碍；重则引起财务危机，对企业的生命构成威胁。

● 未雨绸缪作主轴，掌控企业现金流

导读小故事

古时候，在某个王国里有一位聪明的大臣，他发明了国际象棋，献给了国王，国王从此迷上了下棋。为了对聪明的大臣表示感谢，国王答应满足这个大臣的一个

要求。大臣说："就在这个棋盘上放一些米粒吧。第 1 格放 1 粒米，第 2 格放 2 粒米，第 3 格放 4 粒米，然后是 8 粒、16 粒、32 粒……一直到第 64 格。""你真傻！就要这么一点米粒？"国王哈哈大笑。大臣说："就怕您的国库里没有这么多米！"

面对大臣的要求——棋盘上摆满米，国王觉得是小事一桩。然而他不知道，如果按照大臣的要求，需要的大米大约是 2 200 多吨。因此对于一些看似很微小的事情，我们也不要自以为是、熟视无睹。对于日常生活中的现金流也是这样，加强管理，就会有意想不到的收获。

现金流量是企业的血液，企业生产经营活动每一环节的循环和周转无不需要现金流量的支撑。如果企业的现金流量尤其是经营活动现金流量不足，即使再大的资产规模，也难以使资产有效流动，即使再高的利润率，也难于使企业维持长久运转。依靠筹资活动取得的现金流量来弥补经营活动现金流入的不足和现金总流量的平衡，必然加大企业的财务风险。企业应更加关注现金流量，做到未雨绸缪，从而降低企业的财务风险。

应该注意的是，现金流量不等于利润，利润并不能保证有足够的现金使公司有偿债能力。现金—存货—应收账款—现金这一过程的及时转换对企业生存至关重要。由于传统生产经营观念的影响，一些企业的生产者主要关心增产，结果是产品生产出来压在库房里；销售人员主要关心销量，结果是企业的应收账款大幅增加而回款目标未能达到。目前许多企业的情况是：企业的损益表上有利润显示，但回款不及时，无法填补生产和投资所用去的现金。因此，企业必须实施现金流量控制。

手段七：一劳永逸的现金预算

在市场经济条件下，企业面临各种各样的风险，而其中对企业影响最大的则属财务风险。财务风险最主要的表现形式就是支付风险，这种风险是由企业未来现金流量的不确定性与债务到期日之间的矛盾引起的。许多企业正是没有处理好二者之间的关系，影响了企业的正常生产经营活动，甚至于破产。

现金预算首先可以提高企业回避财务风险的能力。企业需要有足够的现金来支付职工工资，偿付应付账款与票据以及其他到期债务，不能及时偿付债务，称为"无偿债能力"，无偿债能力的企业，可能被迫宣告破产。即使经营管理得很好的企业，在市场银根紧缩、自身搞基本建设、扩大销售活动或生产规模的时期，也可能会感到头寸短绌。因此，企业经营者必须小心翼翼地规划现金流量，使手头的现金随时够用。

金融危机给人们以深刻的启示，众多专家认为金融危机的源头在企业。泡沫经济导致投出的资金流动性极其差，造成企业偿债能力低下，银行不良资产过多，最终铸成金融危机。但是透过金融危机，我们也能看到那些自有资本殷实、负债率相对较低，特别是现金流量状况良好、现金充足的企业，由于"口袋有钱"，不仅未被金融风暴"刮倒"，反而得到投资人、债权人的青睐，借此"东风"扶摇直上，迅速发展。在金融风险日益加剧的今天，企业现金及现金流量的重要性更为显著。特别在企业发展日趋成熟、企业组织规模增大、结构日趋复杂的大型企业管理中，由于现金流量与企业的生存、发展、壮大息息相关，所以企业越来越关注现金流量信息。实践证明企业对现金流量的管理与控制已成为财务管理的关键。

我国光伏产业最近几年的发展可谓是让人欢喜让人忧：经历了 2010 年的火爆行情，光伏产业在 2011 年急转直下，在欧债危机、国内产能过剩等内忧外患中，整个产业集体步入寒冬期。在此背景下，江西赛维——这家当年号称全球最大的太阳能多晶硅片生产商，发展一度堪称"光速"，如今却债台高筑，深陷"供应商堵厂门"的风波。

江西赛维公司 2007 年至 2011 年的年报显示，五年间公司总资产同比递减，同期总负债则由上市首年的 6.17 亿美元一路膨胀至 2011 年年末的 60.1 亿美元，负债率达到 87.7%。同时，总负债的年均增长率达到了惊人的 147.27%。

2012 年，深陷财务危机的江西赛维开始出售电站抵债。江西赛维不得不与债务人签订债务重组协议，将以 1.4 亿元人民币的价格，转让三个太阳能屋顶电站，以冲抵相应金额的应付账款。

是什么让赛维如此脆弱？赛维一味盲目地进行收购扩张，在争分夺秒的商战中，这一"光速"战略的确可以帮助企业快速确立竞争优势，但是在光伏产业不景气的大背景下，光伏企业资金链紧张已成为常态。由于多晶硅和光伏组件价格大幅下跌，导致赛维光伏企业整体收入锐减。产能过剩以及市场需求萎靡导致公司的销量也随之下滑。赛维现金流入量越来越少，再加之公司运营成本居高不下，最终导致公司沦落到如此地步。

近百年来，汽车生产业一直是美国工业的栋梁，是皇冠上的明珠，以汽车业为主的底特律曾经经营着遍布全球的产业。岂料近年来通用汽车和克莱斯勒却都挣扎在濒临破产的边缘。主要是因为受金融危机的影响，导致 2008 年各个季度的销售量急剧下滑，而且美国汽车公司还有几个长期的问题比如车型落后、员工福利太高等也是他们在金融危机中出现危机的原因。仔细分析可知，这几个原因都和现金流有着千丝万缕的关系：公司销售量下降，现金流入量就受到直接的影响，而员工福利过高，现金支出量只增不减，最终的结果必定是公司现金越来越少，沦落到申请破产保护的地步。

现金预算可以预测未来时期企业对到期债务的直接偿付能力，可以直接地揭示出企业现金短缺的时期，使财务管理部门能够在显露短缺时期来临之前安排筹资，从而避免了在债务到期时，因无法偿还而影响企业的信誉，为企业以后融资增加阻力；或企业被迫"拆东墙补西墙"，在高利率条件下举借新的债务。这些都在一定程度上增加了企业的财务风险。

现金预算的具体作用，见下图：

企业如何筹集用于
到期支付的现金

解释企业的现金从
何而来，会用到哪
些地方

现金预算
的作用

如何通过现金预
算避免不合理的
现金支出

在未来何时需要现
金，如何抑制现金
流滥用

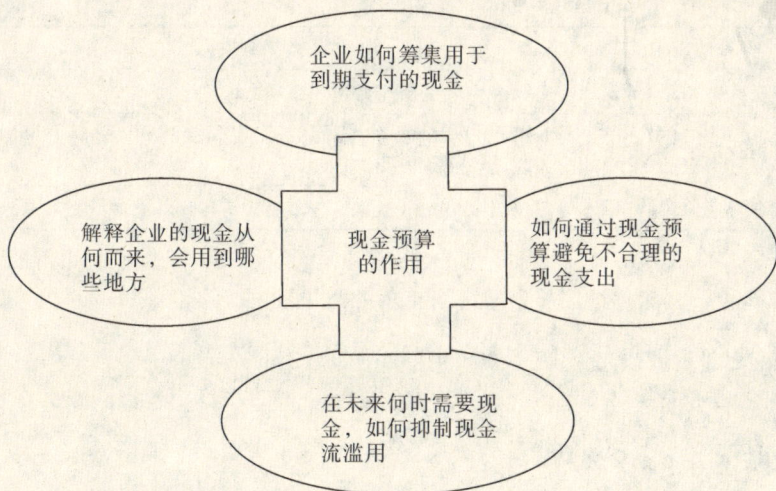

手段八：步步为营，做好数学加减法

　　企业现金预算的步骤，包括销售预算、生产预算、直接材料预算、应交税费预算、直接人工预算、制造费用预算、产品成本预算、销售费用预算以及管理费用预算等。

企业现金预算步骤及方法

现金预算的步骤	预算方法
销售预算	预算期应收＝预算期初应收＋当期业务收入－本期经营收入
生产预算	预计生产量＝（预计销量＋期末存货）－期初存货
直接材料预算	预计采购量＝（本期生产需求量＋期末存货）－期初存货
应交税费预算	包括增值税、消费税、营业税、所得税、资源税、土地增值税、城市维护建设税、个人所得税等
直接人工预算	直接人工＝人员的工资预算＋缴纳的应付福利费
制造费用预算	制造费用＝变动制造费用＋固定制造费用

表（续）

现金预算的步骤	预算方法
产品成本预算	产品成本 = 单位产品成本 + 总成本
销售费用预算	某期末产品变动销售费用现金支出 = 该产品变动销售费用分配率 × 改期该产品预计产量
管理费用预算	管理费用现金支出预算 = 全年管理费用预算总额 − 费付现成本

其实现金流的预算很简单，只是所有预算结果的加减和汇总。通过以上数据的预算，企业就能很方便地计算出某期企业现金流的状况。为了确保最后现金流预算的准确性，企业首先应当确保各个环节预算的准确性。另外，在编制财务预算的时候，还应将汇总的各项业务预算的数据及经济指标加以整理、分析，作为财务预算各表的有关预算数据。

国际金融危机余波未尽，企业还应不遗余力地苦练内功，实施稳健的财务管理。很多专家认为，金融危机的源头在企业，现金预算就是企业经营行为的指路灯和坐标。通过现金预算，为企业确定明确的目标，并使目标具体化、系统化和定量化，使其在运行过程中始终保持与目标方向一致并不断前行。通过现金预算，还可以建立评价企业财务状况的标准，从而为堵塞漏洞、纠正偏差提供思路。

只有企业内部各部门和各级人员真正具有强烈的资金意识，才能形成企业资金管理的纽带或链条，企业主要领导人才会把更多的精力投入资金管理，财务部门作为资金的综合管理部门在资金的筹集、营运和监控等方面的独特职能，才会有用武之地。

现金预算的编制方法一般有两种：一种是现金收支法，另一种是调整净收益法。现金收支法是目前最流行也是应用最广泛的一种编制现金预算的方法，它具有直观、简便、便于控制等特点，对预算期内现金收入和现金支出分别进行列示。它主要包括：预算期内现金收入总额、预算期内现金支出总额，以及对现金不足或多余确定之后的处理。下面是一个编制现金预算的简单实例。

某公司拟编制下年的现金预算，现已收到大量订单，并已从银行取得 40 万元的到期一次还本付息的一年期借款，以备下年生产经营所需。公司销售贷款回收情况：当月收现 30%，次月 60%，第三个月 10%，所有销售均为赊销。该公司上年末现金余额为 5 万元，企业通常在销售前一个月购买存货，购买量为次月销售额的 50%，购买次月付款。预计 1～3 月份工资分别为 45 万元、50 万元和 46 万元；1～3 月份其他付现费用分别为 60 万元、60 万元、40 万元；1～4 月份销售收入分别为 120 万元、200 万元、130 万元、150 万元。已知上年 11～12 月份销售收入分别为 100 万元、120 万元。该公司每月最佳现金余额为 5 万元，不足时可申请临时借款，借款利息为 10%，多余时归还借款，借款在期初，还款在期末，还款时支付相应本金的利息，借款还款均为 1 万元的倍数。

销售收入采购支出计算表见下表：

销售收入采购支出计算表　　　　　　　　单位：万元

	11 月	12 月	1 月	2 月	3 月	4 月
销售收入	100	120	120	200	130	150
现金收入			118	114	171	
采购额	60	60	100	65	75	
采购支出			60	100	65	

1～3 月份现金预算表见下表：

1～3 月份现金预算表　　　　　　　　单位：万元

	1 月	2 月	3 月
期初余额	5	5	5
现金收入	118	141	171
现金支出	165	210	151
其中：采购支出	60	100	65
工资支出	45	50	46
其他支出	60	60	40

表(续)

	1 月	2 月	3 月
现金多余或不足	- 42	- 61	25
一年期借款	40		
临时借款	7	66	
归还借款			19
利息			0.375
期末余额	5	5	5.625

●构筑企业资金管理的防火墙

导读小故事

　　奉系军阀张作霖出身绿林，文化程度不高，在他成为一方大员后，常常要做"批条子"的工作。但他批条子的方法很特别，就是当事人写好所请求事项的条子，然后当面朗诵给他听，如果他认为可以批准的，即用毛笔蘸取朱砂，再在所批条子上一按，这样就在所批的条子上留下了一个红色印记。他所批条子到奉天（沈阳的旧称）银行支取大洋，十分灵验。有个副官，久睹此事，计上心来，就自己在家写好支取大洋的条子，然后像"大帅"那样，也用毛笔蘸上朱砂一按，到奉天银行骗钱。到银行后，行长接过条子看了看，什么也没说，拿起电话："喂，宪兵队吗？我这里有个客人，请给我带走。"一会儿，来了四个全副武装的宪兵马上架起副官就走。后宪兵队将副官交张作霖处理，张作霖令人将副官带进大厅，手里拿着副官原来的条子笑着说："你也不仔细看看，你批的条子和我批的一样吗？你的毛笔中间哪有这个。"说着将毛笔的狼毫掀开，露出了一个钢针，原来"大帅"为了掩饰自己毛笔字写得不好的缺陷，想了一个法子，就是将一个钢针置于毛笔中间，批条子需签字时用毛笔一按，钢针透过条子戳了一个眼，就算批准了，但针眼平时都叫朱砂掩盖了，别人看不出来，这个秘密只有"大帅"和奉天银行的行长知晓，所以当副官拿着自己批的条子支取大洋时，遭如此结局就不算奇怪了。

故事中，张大帅采取了"精细管理"的手段，才使自己的资金得以安全。这与企业现金流量管理如出一辙！

由于企业现金流量管理与其各项经营管理活动是交织在一起的，而企业经营管理活动具有不稳定性，这就导致企业现金流入与现金流出的不平衡。有效的现金流量管理，不仅有利于加强企业财务控制，还能增强企业决策的实效性，更重要的是能够提升企业持续经营的能力，保证企业持续健康发展。

通过注意零散的现金流管理事项，这还远远不够，还需要建立健全系统的企业内部控制制度，规范企业资金活动的程序、控制风险和科学决策。筹资活动应该遵循规模适当、方式经济、结构合理和筹措及时的原则；投资决策既要避免过度自信对预期过高导致的盲目扩张，又要避免缺乏信心对预期悲观而导致丧失发展机遇；营运活动避免因资金周转困难导致企业陷入财务困难或资金冗余。此外，还要避免资金管控不严导致资金被侵占、抽逃、挪用和遭受欺诈。企业针对上述资金活动的风险，应制定相应的控制措施。

手段九：管理好企业现金流的闸门

对现金流入、流出的控制应当在分析现金流入、流出各环节的基础上。现金流入、流出的控制包括授权审批、不相容职务分离、文件记录、独立检查等。此外，对企业现金流入、流出控制的全过程必须由独立于现金流入、流出事项的单位或部门进行监督检查，保证现金流入、流出的真实和合法。对现金流入、流出进行控制，管理好企业现金流的阀门，有利于企业健康、持续地发展。

2012年4月，山西肥料行业某公司经理邓某私吞500万元巨款潜逃，引起业内一片哗然。邓某在肥料界打拼了十多年，一直给人感觉沉稳。两年前，他从深圳一家知名肥企辞职，作为职业经理人，他最终被山西这家公司高薪挖得，负责广东市场。从销售到服务，再到与经销商的货款对接，均是由他负责，公司少有过问。正是这种松散式的管理，让邓某有了中饱私囊的机会。在过去的一年时间里面，邓某利用职务上的便利，私刻公章10多枚，伪造收款文书几十份，先后让经销商向其账户打进巨额货款，并占为己有。随后他便人间蒸发，直到今年4月底才被警方在广东抓获。邓某事件的发生，给其原来供职的公司带来重创，公司在华南的业务全面暂停。

类似的案件在农资界并非孤例，近年来业务员携款潜逃的事件屡有发生，仅在广东，一年来的案例就高达10多起。要杜绝类似事件发生，必须在完善公司财务制度建设、减少漏洞的同时，管理好企业现金流的阀门。货款必须打入公司指定账号，业务员不能直接接受现款，并做到每月都与经销商核对账目。但在现实中，这些要求被不少公司抛在了脑后。此外，企业要尽可能减少损失，除了道德方面的构建之外，在事件发生后，应迅速借助法律手段，严厉打击。

手段十：信息流拉动现金流

企业应当根据现代科技的发展和企业自身生产特点的变化，改变传统的多层级的组织结构，减少信息在组织内部传递所需经过的环节。同时，运用现代网络技术在现有的会计电算化系统的基础上建立整个企业范围内的信息适时传递系统。

中国联通是国内三大电信运营商之一，也是国内唯一同时在纽约、香港、上海三地上市的电信运营企业。由于通信行业竞争激烈，且较传统企业而言，没有生产管理和复杂的物流，更需要注重运营管理中的资金、资产以及运营质量、风险控制。中国联通经过对多年集团资金集中管理实践的总结，建立了资金由总部统一管理、按现金预算统一运用，贷款由总部统一组织，对外投资由总部统一审批，对外支付由总部集中审核的一整套的财务管理体制。具体包括以下内容：

1. 编制年度预算

成员单位每年末编制下年资金年度预算，包括收入预算、资本性支出预算和经营性支出预算等内容，经中国联通总部审核批准后，作为下属单位年度资金运作的指导，同时通过周转资金用款计划，来体现年度资金预算。

2. 用款计划

下属省分公司，在日常的资金运作中，每周末编制下周资金用款计划，形成用款计划单，经过集团总部资金处审批和财务中心审核批准后，据此完成资金的定期下拨。在发生用款计划外的临时追加时，提供用款计划的追加功能，由下属分支填制用款计划追加单，经中国联通总部审批同意后，形成追加记录，从而保证分支资金的支出需求。

3. 预算分析

通过对比预算与实际资金收支情况，分析预算的执行情况，查找差错，提出纠正措施。

4. 资金上收

利用商业银行网络，每周将省分公司的收入户清零，上收到总公司资金汇集户。系统通过银企互联接口，自动读取省分公司上收的资金信息，形成省分公司内部存款，用于模拟计息，以便对省分公司经营状况进行考核。为及时上收资金，系统也提供手工上收的方式。

5. 资金下拨

根据已审批的各省分公司的资金用款计划，系统通过信息化的智能手段，按照资本性支出与经营性支出的区别，将资金分别拨入到下属省分公司的资本性支出账户和经营性支出账户中，实现资金的自动下拨，保证下属分支正常运营的资金需要。

此外，资金集中管理系统还提供了详细的资金下拨业务明细表，便于集团总部和省分公司查询资金下拨情况，掌握资金动向。通过实施，完成了设定的应用目标，优化了业务流程，提高了工作效率，可实时进行资金监控与分析，及时足额地集中了闲置资金。

手段十一：增强现金管理的免疫系统

不论是外部审计机构还是内部审计部门，两者对现金流的监督往往都是与其审计内容结合在一起进行的。目前，外部的会计师事务所对企业年度财务报告的审计和内部审计部门对企业的日常审计监督都未对现金流引起足够的重视。因此，加强内部审计部门的机构建设、业务建设和对审计部门的职责的重新定位，对强化现金流的监控具有重要的作用。

企业的内部审计部门应当与对企业进行财务报告审计的外部的会计师事务所的注册会计师密切配合，借鉴外部审计机构对本企业的有关内部控制进行的有关测试与评价结果，与自己对本企业的内部控制的测试及评价结合，这样更有利于发现企业内部控制的薄弱环节，健全和完善企业的内部控制，保证企业现金流的内部控制信息以及其他有关企业管理的信息得到正确、及时、恰当的传递。

巴林银行集团曾经是英国伦敦城内历史最久、名声显赫的商业银行集团，素以发展稳健、信誉良好而驰名。1995 年 2 月 26 日，巴林银行宣布破产。直接原因是新加坡巴林公司期货经理尼克·里森错误地判断了日本股市的走向。1995 年 1 月份，日本经济呈现复苏势头，里森看好日本股市，分别在东京和大阪等地买进大量期货合同，希望在日经指数上升时赚取大额利润。天有不测风云，1995 年 1 月 17 日突发的日本阪神地震打击了日本股市的回升势头，股价持续下跌。巴林银行因此损失金额高达 14 亿美元，这几乎是巴林银行当时的所有资产，这座曾经辉煌的金融大厦就此倒塌。

　　事情表面看起来很简单，里森的判断失误是整个事件的导火线。然而，导致企业倒闭的主要原因是现金流内部控制的缺失。

　　一是控制活动存在问题，内部控制最初的控制活动是职责分离和相互牵制。在巴林银行，里森一个人既担任交易员又担任清算员，这种致命失误使针对衍生金融交易的风险控制彻底归于失败，导致悲剧的必然发生。

　　二是信息和沟通存在问题。首先，总部要求里森更改进行错误交易处理账户时，没有进行很好的沟通，尽管错误记录处理账户已经由"99905"转为"88888"，但是这个信息只有开设账户的员工一个人知道；其次，在总部恢复使用旧"99905"账户处理错误记录时，临时"88888"账户也没有及时消除和备案，从而使"88888"账户成为内部控制的"盲区"。可以说正是"88888"账户这个关键控制点的失控导致了巴林银行悲剧的发生。

　　三是监督活动形同虚设。在巴林银行内部对里森用于掩盖失误的"88888"账户在长达两年多的时间里始终没有被内部审计部门发现，对于里森假造花旗银行5 000万英镑存款，内部审计部门始终未向花旗银行进行函证确认其真实性。

生血篇

扩大现金收入

● 收入哪里去了

导读小故事

　　为什么企业账上实现了利润，但是最终却破产了；为什么企业账上有巨额的利润，却买不起生产所用的原材料、设备，限制了企业的发展；为什么企业赢利了，员工却收不到应有的薪酬，最终导致人才流失；为什么企业对外报送的信息显示获利丰厚，却没有钱向股东发放已经对外宣告的股利，使得企业股价大跌；为什么企业账上富裕，却无法偿还已经到期的贷款，无法按期偿还银行的贷款，最终导致企业的信誉下降，甚至到了破产清算的地步。

　　许多企业把利润最大化作为企业的目标，这符合企业的经营目的，但是却忽视了现金流的重要性，出现账上利润较多企业缺乏资金的窘境。如果企业的现金来源较为单一，造成企业的资金流短缺，企业可能会患上"白血病"或者因此导致营养不良，限制企业的未来发展。把企业的账上利润转化为真正的现金，降低企业的经营风险和财务风险，这才是企业财务真正要追求的目标。只有这样，才能实现企业的持续健康发展。

许多企业的经营管理者把利润最大化作为企业的目标，把利润作为业绩评价的标准，但是当企业真正需要现金去投资、发放工资时，账面的利润能及时、有效地转化为企业需要的现金吗？不能，企业不仅不能获得本应属于自己的资金，而且还要为持有应收账款付出成本。因此我们需要认清我们为之付出的成本，改善应收账款的管理，使利润变成名副其实的现金。

应收账款是在企业销售产品、商品、提供劳务等过程中产生的，是企业采取信用销售而形成的债权性资产，是企业流动资产的重要组成部分。企业持有大量的应收账款有其内在的经济动因，但企业必须知道利润并不能代替现金流，企业需要权衡利弊，在应收账款的成本和收益之间做出正确的选择，从而制定正确的信用政策，管好应收账款，保证企业所需现金。

手段十二：真正做到"折扣生财"

应收账款产生于企业的日常经营活动，商业竞争是发生应收账款的主要原因，激烈的竞争环境促使企业采取各种手段扩大市场销售份额，如提高产品质量、降低价格、完善售后服务、扩大广告支出等，赊销是扩大销售的主要手段之一。出于扩大销售的竞争需要，企业通过赊销、提供商业折扣、现金折扣等扩大销售，于是便产生了应收账款；此外，销售和收款的时间差距，导致商品成交的时间和收到货款的时间经常不一致，同样会产生应收账款。货款结算需要时间，结算手段越落后，结算需要的时间就越长，销售企业需要承担由此引起的资金垫支。为什么企业会选择赊销，影响自身的资金周转呢？归结起来，赊销具有以下优势：

赊销可以扩大企业的销售。在竞争激烈的市场经济条件下，完全依赖现销方式是不现实的，在赊销方式下，企业在向购货方提供销售产品的同时，也提供了在一定期限内无偿使用资金的机会，即商业信用资金。这对于购买方而言，具有极大的吸引力，不仅能及时取得所需产品，同时还可以延缓现金流出，降低企业的还款压力。因此，赊销是一种重要的促销手段，对于企业销售产品、开拓并占领市场具有重要意义。在企业产品销售不畅、市场萎缩、竞争不利或者企业推出新产品时，适时地采取各种有效的赊销方式，有利于扩大企业的市场销售份额。

赊销可以减少存货。赊销可以加速产品销售的实现，加快产成品向销售收入的转化速度，从而可以降低存货中产品的管理费用、仓储费用和保险费用等各方面的支出，节约企业的经营成本。

凡事有利就有弊，在企业扩大销售，减少库存，增加账面利润的同时，需要为企业账上存在的大量的应收账款付出代价，这种代价就是应收账款的成本，其内容包括机会成本、管理成本和坏账成本。其中，机会成本是指应收账款占用资金的应计利息；管理成本是指企业对应收账款进行管理而发生的耗费，主要包括对客户的资信调查费用、收账费用等；坏账成本是因为商业信用而产生，存在无法收回的可能性造成的坏账损失即为坏账成本。一般来说应收账款的收现期越长，坏账成本就会越大；应收账款的数量越多，发生坏账的可能性就会越大，即坏账成本就会越高。

应收账款在扩大企业销售收入、降低存货成本的同时，会产生持有成本，利弊并存。美的集团的海外事业部负责人曾经表示，在市场机会和保护自己之间是有矛盾的，越是大胆，越容易以信用的方式结算，相反若把自己保护得太严，也会失去市场。因此企业需要在权衡利弊的同时，设定合理的管理目标，强化应收账款的管理，将利润转变为真正的现金。应收账款管理的目标是要制定科学合理的应收账款信用政策，并在这种信用政策所增加的销售赢利和采用这种政策预计要担负的成本之间做出权衡。只有当所增加的销售赢利超过运用此政策所增加的成本时，才能判定这种信用政策是合理的。同时，应收账款管理还包括企业未来销售前景和市场情况的预测和判断，以及对应收账款安全性的调查。企业可以根据具体情况分析信用政策的制定，如果企业销售前景良好，应收账款坏账成本较低，则可进一步放宽其收款信用政策，有利于企业扩大赊销量，获取更大利润和现金流；相反，如果企业坏账成本较高，收回的可能性较低，则应制定严格的信用政策，确保企业获取最大收入的情况下，把损失降到最低。

手段十三：差之毫厘，失之千里

制定合理的信用政策是企业加强应收账款管理，提高应收账款投资效益的重要前提。可以用"差之毫厘，失之千里"这句话来形容政策和信用政策实施后果之间的关系，信用政策的制定会影响到企业应收账款的管理，从而影响企业的现金回流。在日常的赊销活动中，企业要根据实际经营情况和客户信誉情况制定合理、可行的信用政策，并在经营活动中严格执行信用政策，保证在扩大销售，增加利润的同时，使得现金能及时回流，满足企业的发展需要，防止资金链断裂，这是企业为达到应收账款管理的目的、防范和降低应收账款风险的重要措施。应收账款赊销的效果好坏依赖于企业的信用政策，而信用政策是指企业对商业信用进行规划和控制而确定的基本原则和行为规范，主要包括信用标准、信用条件和收账政策三方面的内容。

信用标准是客户获得企业商业信用所应具备的最低条件，通常以预期的坏账损失率表示。企业必须坚持对申请赊销的客户进行信用状况分析，根据事前调查对客户的信用进行评估，决定是否给客户提供赊销以及提供赊销的额度。一旦企业决定给予客户信用优惠，就需要考虑具体的信用条件，主要包括信用期间和现金折扣政策。其中，信用期间是指企业允许客户从购货到支付货款的时间间隔，企业产品的销售量与信用期间之间存在着一定的依存关系。一般延长信用期间，可以在一定程度上扩大销售量，增加销售利润，但过度的依靠延长信用期间来扩大销售收入，会伴随大量的应收账款，给企业带来不良后果。

上海三菱根据市场竞争状况、自身的生产能力和客户的信用情况，将信用期限确定为：一般情况下，70%的货款到后发货，30%的货款是货到后30天付款，5%

的质保金为电梯验收合格后一年内付款。在特殊情况下，根据风险评估结果，对实力强的客户调整信用期间。例如，北京某房地产开发公司有意向公司订购 200 台电梯，总价 4 000 多万元，但要求 70% 的货款在货到验收后支付，对于这么大的订单，公司希望能签约，同时又存在货款能否收回的风险。于是公司便进行客户信用调查，发现其信用良好，经济实力较强，最终与其签约。企业制定正确的还款期限，在扩大收入的同时，保证了资金的按时按量收回。该案例中，上海三菱在签订合同之前进行了客户的信用状况分析，然后再制定有关的信用政策，既降低了风险，又扩大了销售，增加了企业的利润。

许多企业为了加速资金的周转，及时收回货款，减少坏账损失，往往在延长信用期限的同时，采用一定的优惠措施。如现金折扣，即在规定的时间内提前偿付货款的客户可按销售额的一定比率享受折扣。"2/10，n/60"表示如果用户在 10 天内付款，企业将给予用户销售额的 2% 的折扣，但如果还款时间超过 10 天将不能享受折扣。企业在制定现金折扣时，如果折扣率太低，无法产生激励用户提前还款的效果；如果折扣率过高，会增加企业的折扣成本。现金折扣实际上是对现金收入的扣减，企业决定是否提供以及提供多大幅度的现金折扣，应权衡提供现金折扣后所得的收益和现金折扣成本。

应收账款产生之后，便要考虑账款的回收问题，客户一般都会按信用条件的规定到期及时付款，履行还款义务，维护企业的信誉，但是也会存在拖欠货款的现象。企业应采取相应的收账政策，以加速应收账款的回收，收账政策就是指对于逾期的欠款公司应采取的收账策略。企业对于不同信用质量的客户要采取不同的收账政策：对于信用质量高的客户，可以采用宽松的政策；对于信用质量低的客户，应采取积极的、严格的收账政策。企业应灵活地制定收账政策，要在增加收账费用与减少坏账损失、减少应收账款机会成本之间进行比较、权衡，以前者小于后者为基本目标，掌握好宽严界限，拟定可取的收账计划，使收账成本最低、效益最大。

此外，还应讲究收账技巧，即对不同类型的客户采取不同的策略，既要收回账款，又要留住客户。对于无力偿付与故意拖欠，以及欠款期不同的企业要采取不同的收账策略进行收账，如暂不打扰、信函催收（电子邮件等通讯方式）、电话催收、上门催收、双方协商解决、借助于有权威的第三者调解、由仲裁机关仲裁解决、上诉司法机关，加强司法执行力度等。

手段十四：管账细节决定成败

在竞争日益激烈的市场中，各大企业为扩大市场份额，纷纷采用赊销这一竞争手段来招揽更多的客户。随之而来的就是应收账款的增加，企业更要加强应收账款的管理，树立风险意识，加速资金的回收。千里之堤毁于蚁穴并不是没有道理的，企业要树立风险防范意识，应收款项居高不下一直是严重困扰许多上市公司的主要问题之一，许多企业账上拥有漂亮的利润，但实际上却被大量的应收账款所牵绊，无法按计划从事经营、拓展业务，限制了企业的发展甚至危及到企业的生存。长虹就是一个典型的例子，上市之初，四川长虹的利润连年快速增长，然而在利润高速增长时，伴随而来的是应收账款的迅速增加，并且应收账款周转率逐年下降，且明显低于其他三家彩电业上市公司的同期应收账款周转率，降低了企业资金周转的速度。巨额应收账款的存在，大幅度减少了经营活动的现金流量净额，很有可能造成企业现金周转的困难，增加了企业的经营风险和财务风险。因此，企业需要加强应收账款的管理。下面我们将以长虹为例，介绍企业强化应收账款管理的重要性以及如何加强管理：

早在2003年，四川长虹跟美国消费电子公司APEX公司（以下简称"APEX公司"）进行交易的过程中，就存在严重的货款拖欠现象，这便为企业埋下了风险的种子，但是四川长虹却一直坚持"沉默是金"的原则，并未重视企业的应收账款，从未对外公告面临的风险，导致后来的危机。应收账款因赊销而产生，所以应收账款从产生时就存在不能收回的风险，即发生坏账的风险，坏账是赊销的必然结果，企业应保持谨慎态度，对应收账款计提适当的减值准备。

四川长虹在进行海外市场拓展时，建立了与美国 APEX 公司的合作关系，并在美国直接提货，但奇怪的是彩电发货了，货款却一直未到。美国 APEX 公司总是以质量存在问题或货物未收到为借口，拒付或拖欠货款。按照出口合同，接货后 90 天内美国 APEX 公司就应该付款，否则长虹方面就有权拒绝发货。然而，四川长虹一方面提出对账的要求，另一方面却继续发货。正是由于四川长虹在开始之时没有建立完善的信用管理体系和内部控制制度，导致了企业后来的危机。如果长虹内部有一套成熟的信用管理体系，建立专门的信用管理机构，对赊销进行管理，对客户进行风险管理，防患于未然，合作之前对客户的资信情况进行充分的调查，也许在选择海外合作对象时就不会选择美国 APEX 公司，在建立合作之后，给客户建立资信档案并根据收集的信息进行动态的管理；如果企业实行了严格的内审和内部控制制度，由内部审计检查内部控制制度的执行情况，检查有无异常应收账款现象，有无重大差错等情况，确保应收账款的收回，也就不至于陷入应收账款的巨额黑洞中。

目前国内很多企业不太重视应收账款管理，有关部门的调查显示，我国企业应收账款占流动资产的比重为 50% 以上，远远高于发达国家的 20% 的水平。很多企业只重视销售，提高企业的利润，却没有意识到事前的盲目销售会导致企业应收账款风险的加大，同时带来事后收账成本的增加。企业必须意识到应收账款管理是一种事前防范、事中和事后控制的全过程管理，做好事前客户资信情况的调查，事中的货款追踪、账龄分析等管理和事后的收账管理工作。

●空手套白狼：小促销里的大智慧

　　张小莉（化名）是个爱漂亮的姑娘，永远走在时尚的前端。今年女孩圈里刮起了"中性风"，机车包、铆钉靴、大外套是大热，当然最重要的是搭配一头俏丽的短发。张小莉当然不甘落人后，她来到一家时尚造型连锁店，打算就为自己打造这样的一头俏皮时尚的短发。

　　造型师很热情地接待了她。在造型师的推荐下，小莉打算让店里最资深的造型总监来为自己"操刀"，因为他经验丰富，最能迎合顾客的需要。但可惜的是造型总监的"出场费"比较贵，小莉正犹豫不决。造型师看出了小莉的"诚意"，后来就推荐说只要她办他们店里的一种消费卡就可以在每次来剪头发的时候享受打折的优惠。银卡只需预存400元，每次消费就可以享受9折的优惠；金卡只需预存800元，每次消费就可以享受8折优惠；VIP卡预存1200元，每次消费就可以享受"天上掉馅饼"的7折的优惠。小莉在听完造型师的介绍后非常心动，天下还有这样的好事么？她在思考之后决定加入他们的金卡会员，只需预先存入800元，就可以在以后每次消费的时候享受八折优惠，当然也包括这次资深造型总监的服务，也可立即享受八折优惠。小莉非常开心，她觉得今天来这家店造型捡了个"大便宜"。

　　在此案例中，"预存即享优惠"的消费卡真的如张小莉想的那样，捡了个"大便宜"吗？其实不然，仔细分析不难发现，在"打折优惠"的背后，是这家时尚造型连锁店用促销方式来招徕顾客的一种手段！运营商往往将其作为一种加速现金回流的高明招数，用来支持企业的日常营运和战略发展。

手段十五：免费午餐计划，是"馅饼"还是"陷阱"

就像上面提到的"预存享优惠"的活动，不光在时尚造型行业备受推崇，就连街边小小的奶茶铺也时兴用这样的促销手段来招徕并吸引顾客。此外，拥有手机的朋友对运营商针对客户推出的"存话费送手机"、"存300送300"等优惠活动也定然不陌生。预存一定额度话费即可拥有一部崭新的手机，这不失为一个诱人的红苹果；预存300元话费就可以享受"天上掉馅饼"的600元的账面余额，世界上真有这样的"免费午餐"？优惠活动真的优惠吗？是"馅饼"还是"陷阱"？

细细斟酌其实不难发现，这是运营商加速现金回流的精明招数。手机用户提前将未来的消费款交给运营商，运营商只需在账面上为客户保留一个"好看"的数字，就轻而易举地开辟了一条获取现金收入的良好通道。

可能有人有这样的疑虑，运营商虽然提前收回了现金，但是"存300送300"不正相当于将商品半价出售，运营商还有利润可言么？

商家可不是省油的灯，在推出这些所谓的"优惠"活动的同时也附加了限制条件，譬如用户每月有最低的保底消费，而这些最低的消费额度可不小，一般会比用户正常消费高一些，但又不是高很多，这一招屡试不爽，以此招徕更多的客户加入运营商的"免费午餐计划"。另外，"预存话费送手机"也不是看上去那样美好，赠送的手机往往价格被虚高了，质量也可能参差不齐、难以保障，因此，优惠活动不见得就那么优惠了。

现代市场竞争激烈，企业在日常经营活动中必须要懂得资本运营。"资本运营"并不是多么高深莫测的学问，简而言之就是两点，即"加速市场资金回笼"和"尽量延缓对外付款"。我们可以试想有这样两家公司：A公司用现金进行交易，而B公司用票据交易，回收款项要四个月的时间，A公司和B公司的资金周转状况也就不言而喻了。毋庸置疑，"先收钱"比"后收钱"的好处多多了。

企业的存款余额和资金周转情况，主要是取决于款项的回收条件。回款期越长，企业资产负债表上的"货币资金"就越少，现金流状况也就越糟糕。同时，回款周期越长，应收账款的管理成本就越高，产生呆、坏账的风险也越高。上面提到的手机运营商"预存话费享优惠"的活动就很好地克服了客户回款周期长的问题，无疑是加速客户资金回流的有效手段。

手段十六：巧用借鸡生蛋

霍英东——一位家喻户晓的香港富豪，在 20 世纪 50 年代首创的"空手套白狼"的房产预售模式在为他积累巨额财富的同时，也赢得了商界广泛的推崇和仿效。预售——这一借鸡生蛋的招式也为霍英东赢得了香港"土地爷"的美誉。

霍英东无疑是具有敏锐的商业气息的。1953 年，他就大胆预测香港航运事业的繁荣必然会加速金融贸易的发展，而这又会极大地促进商业及住宅楼的开发。霍英东毅然决然将他经营的重心转向房地产开发——这一商业领域成为后人竞相争抢的"香馍馍"。

1954 年 12 月，霍英东用自己的 120 万港元以及向银行贷款的 160 万港元，在香港铜锣湾买下了他人生中第一幢大厦，而后创办了立信建筑置业有限公司。可是刚开始他和一般的房地产开发商并无二致，花钱买旧楼，拆了后建成新楼出售。但是房地产的建设周期比较长，由于缺乏资金，发展后劲明显不足。他冥思苦想是否有房地产经营的新方法，但毫无结果。

好在天遂人愿，有一天和一个老邻居的对话激发了霍英东新的销售思路，让他的房地产事业突破了发展的瓶颈，并且蒸蒸日上。

某天，一个老邻居来到霍英东的工地，说是要买楼。霍英东抱歉地告诉他，盖好的楼已经销售一空，只剩还在盖的了。邻居就指着不远处正在盖的楼，对霍英东说就要那一栋，是否可以卖一层给他。霍英东突然灵机一动，问老邻居可否先付一部分定金。邻居毫不犹豫一口就答应了，两人约定只要先付一部分定金，到时候楼盖好，老邻居就能拿到指定的楼层，再把余下的款项交齐就可以了。

偶然的对话激发了霍英东新的销售思路，那就是采用预售的方法，利用购房者先交的定金来盖楼。这是一箭双雕的好办法，不但扩大了融资渠道，为房产开发积累了大量的资金，更重要的是能极大地推动房产的销售，一举两得。

霍英东房产预售的新思路其实很简单：购房者只要先交付房产售价 10% 的定金，就可以购得即将破土动工兴建的新楼。换言之，对于一幢价值 100 万港元的新楼，只要先行交付 10 万港元的定金，就获得了房产的所有权，以后只要分期付款交齐余款即可。

对于房地产商人而言，好处显而易见。利用顾客交付的定金，原来只够盖一幢楼的钱，现在可以同时动手盖十幢楼，发展速度一日千里。对于购房者而言，也是有利的。先付出一小笔钱就购得了房产的所有权，等到楼全部建成后，地价、房价可能都已上涨，这时把已付定金的楼房卖掉，就可以大赚一笔了。

预售制——这样一项简单的借鸡生蛋的模式，不仅弥补了开发商资金的不足，也让他们在房产生意中赚得钵满盆满，真可谓一箭双雕。由于我国的资本市场发展较为滞后，目前除了银行贷款外基本没有其他可供选择的融资方式，所以商品房预售就成为了房地产开发融资的重要手段。霍英东首创的"空手套白狼"的房产预售模式加速了企业资金的周转，提高了资金使用效率，降低了资金使用成本，大大地解决了开发商资金运作的问题。

商家在日常经营活动中通过预售加速资金回笼的手段比比皆是。快节奏的都市生活中，写字楼附近的美食广场就针对广大白领人士推出了一种预存消费卡，"饮品预存 50 元即可送 10 元"、"预存 200 元可直接享受 9 折优惠"，以优惠返利来招徕生意，这种预付消费模式在方便顾客消费的同时也给发卡方带来不少的"收益"。

发卡方通过预存模式提前回收了大量现金。因为一般人不会吃多少就充值多少，为方便起见肯定事先在消费卡中预存一笔现金。这样一来，吃一顿饭其实只消耗了卡里很少的一部分钱，剩余的现金就被发卡方提前占有。发卡方可以将提前收回的现金用作其他投资，借力生财，只需在卡中保留那个数字稳住消费者即可。这种预存销售、提前回款的方式，大大降低了企业的经营风险。

确实，不少企业要求购货商预付货款是出于对自身资金的安全和流动的考虑，怕购货单位不履行合同，到期不付款，影响企业的资金周转，或是单纯从片面核算观点出发，想多占用外来资金，少负担贷款利息。

但是，我们也会看到在激烈的市场竞争中，一些企业为在市场中占有一定份额，往往以赊销等形式作为促销的手段，增加企业的利润。但是企业的收入并不意味着实实在在的现金流入，在资金回笼之前，企业的收入和应收账款同步增加，这样会对企业产生很大的影响：一方面，企业生产周期延长，流动资金都囤积在非生产性环节，造成人工成本支付和材料采购资金的不足，影响企业正常的生产经营；另一方面，加快了资金的流出，按照权责发生制原则，企业发生收入无论是否收回现金，都需按税法在规定期限内交纳流转税，若实现了利润，还需预交所得税。因此，由于过度追求收入和利润而忽视现金回收的赊销方式，会大大增加企业的资金成本和经营风险。这是一种与预售模式背道而驰的做法，存在很大的资金管理漏洞和营运风险。

对于企业而言，赢利是必要的，但不能只顾赢利，不能只关注利润表上的利润数字而忽视了现金流的管理。即使业绩很好的公司，也有可能突然遇到"资金短路"的问题。曾经在新加坡上市的亚洲金光纸业（APP）沦为垃圾公司的一个重要原因就是现金流量的恶化，前车之鉴值得我们深思。只有那些能够迅速转化为现金的收益才是货真价实的利润，除此之外皆是"浮云"。

手段十七：囤房不如囤"粮"

2008 年，万科总经理郁亮曾经到 SOHO 中国有限公司老总潘石屹的家中做客，此时正值金融风暴，万科全国的项目大降价。潘石屹很不解地问郁亮，为什么万科要"大放血"降价幅度至 25%，而不是像其他房地产企业一样象征性地降价 5% 或 10%。郁亮回答说，万科的市场调研显示，只有降价 25% 才能马上对成交量产生足够影响，5% 或 10% 已难以对市场引起"波澜"，而 25% 已经是万科的极限。

万科为什么要降价？为什么要一口气降到自己的极限？

一言以蔽之：现金流。

作为行业领头羊的万科深谙现金流的重要性。它很清楚，在这个池子里它个头最大，需要的资金最多，要维持生命，保持原来的体型，还要在寒冬里能跑能跳的，意味着在食物总量相对萎缩的情况下，它要占据更大的比例份额。如果它让池子里其他人先动手抢去了现金份额，它能分到的就少了。万科规模大，也就是摊子大，一旦周转不灵，轰然倒地是瞬间的事。因此万科宁可暂时地牺牲赢利，也要加速现金回流，只有手中有钱，才能做到心中有数。只有在口袋中保留足够的现金，囤积足够的"粮食"，才是对抗严冬最好的准备。为了赢利而放弃现金流的做法是愚蠢至极的。

一寸光阴一寸金，寸金难买寸光阴，这就是中国版的时间与金钱的概念。预售模式无疑抓住了企业现金流管理的精髓。现金流就是企业生存和发展所必需的"血液"。没有"富有营养的血液"——充足的现金流，企业只会毫无生机。只有深谙此道的企业才能在激烈的市场竞争中拔得头筹。

● "打飞的"收款划算吗

导读小故事

一个暮色沉沉的傍晚，大发公司的催款员王小军焦急地开车行驶在去往机场的高速路上。他要搭上七点的最后一班飞往北京的飞机。为何他如此争分夺秒？因为领导交代了一个刻不容缓的任务：必须在第二天下午 3 点之前把北京君则公司所欠的 80 万元销货款一分不差地送到总经理的面前，一刻也耽搁不得。

大发公司欠银行的 100 万元贷款第二天就是还款的截止期了，但是公司账上可以动用的流动资金只有 30 万元，还差 70 万元的"漏洞"难以填补，因此君则公司所欠的 80 万元未付款就是"救命钱"了。如果银行的贷款无法按时还上，加收罚息、滞纳金等额外款项还是小事，最严重的是会影响大发公司的信用记录，往后想贷款可就难上加难了。王小军此次千里迢迢"打飞的"去北京收款已不是第一次了，之前为了收回上海一家客户的区区 10 万元的销货款，也"兴师动众"地"打飞的"去上海收款。

王小军果然不负所托，在与君则公司短暂地交涉之后，就顺利地收回了 80 万元欠款。第二天下午 2 点钟分文不差地把 80 万元现金送到了总经理面前。财务人员迅速还清了欠银行的 100 万元贷款，企业有惊无险地度过了一次危机。

你可能有这样的疑惑，企业有必要如此劳心劳力地"打飞的"收款吗？这样的收款方式划算吗？

当然，"打飞的"收款在某些逼不得已的情况下是绝对划算的！就像故事中的大发公司，如果企业等着这笔钱"救命"，那么"打飞的"收款就毋庸置疑是划算的了。

现金流是企业的命脉，牵一发而动全身。企业在日常经营活动中可以采取各种技巧来缩短现金结算周期，以加速现金回款，早早地把钱握在手中。与转账支付方式相比较，现金结算是一种更加直接、便利和干脆的结算手段。在现金结算方式下，买卖双方一手交钱，一手交货，当面钱货两清，无须通过中介。同样在劳务供应、信贷存放和资金调拨方面，现金结算的方式也因其直接便利的特点，广泛地被社会大众所接受。另外现金结算的效率高、资费低。票据的鉴别远比真假币的辨别困难得多，因此，现金结算的方式还能够避免信用风险。

企业现金收入的主要途径就是企业账款的回收，而企业账款的回收通常需要经过四个时点，即客户开出付款票据、企业收到票据、票据交存银行、企业收到现金。这样，企业账款的回收时间就由票据的邮寄时间、票据在企业停留时间、票据结算时间三个部分组成。票据在企业停留的时间可以由企业自身通过建立规章制度、奖惩激励机制等方法来控制，但对于票据邮寄时间和票据结算时间仅靠企业自身的力量是远远不够的，必须采取有效措施充分调动客户和银行的积极性，才能实现有效地控制。

手段十八：邮箱仅仅是用来收信的吗

人们一般理解的邮政信箱貌似只有收信这样一项功能，其实不然，利用邮政信箱还可以缩短现金结算的周期，加速现金回款。这样的一种方法被称为是"锁箱法"，又名邮政信箱法。

锁箱法是一种企业在各地租用专门的邮政信箱来收取客户支票的方法。企业通知客户将付款支票寄到当地租用的专用邮箱，并委托当地开户银行每天开启信箱，进行票据登记并将款项存入企业账户，当地银行定期向企业通知收款情况，企业向银行支付一定的费用。由于银行直接参与收款，缩短了支票处理时间。与一般收款方法相比，锁箱法可以将收款时间缩短一半，提高了现金回收的效率。但是采用锁箱法也有一定的成本支出，租用邮政信箱需要支付租金，授权当地银行开启邮政信箱，要向银行支付手续费，同时，银行还要扣除一定数量的补偿性余额，这样一来，公司的费用支出也相应增加了。

因此，是否采用邮政信箱法，必须视企业提前收取这笔资金后所能产生的经济效益以及预计为此增加的成本大小而定。收益大于成本的可以采用，反之则不必采用。而且即便决定采用此方法也不能过于盲目，必须根据企业以前年度的销售情况进行分析，归纳统计出企业主要客户网点，然后对各客户网点逐一进行模拟测试，再根据模拟测试的结果和该网点客户与企业业务往来的频率，来确定设立特定用途的邮政信箱。另外，设立邮政信箱的使用期限也必须有效地加以控制。

随着互联网的发展，国内外的一些公司转而使用"电子锁箱"作为传统锁箱的替代品。在电子锁箱中，客户利用电话或互联网来点击他们的账户，比如利用某家银行的网上银行，查阅账单、并授权支付，不再在交易中有纸单的转手。电子锁箱比传统的账单支付方式要省事、便捷得多，效率也得以大大提高。

手段十九：银行收款中心，现金流转的不二法门

银行业务集中法，这是通过建立多个策略性的收款中心来代替通常在企业总部设立的单一收款中心，以加速账款回收的一种方法。

银行业务集中法的具体做法是：

1. 企业指定一个主要开户行（通常是总部所在地）为集中银行，并在收款额较集中的若干地区设立若干个收款中心。

2. 客户收到账单后直接汇款到当地收款中心，中心收款后立即存入当地银行。

3. 当地银行在进行票据交换后立即转给企业总部所在地银行。

这种方法缩短了客户邮寄票据所需要的时间和票据托收所需要的时间，也就缩短了现金从客户到企业的中间周转时间，加快了现金周转的效率。但是凡事都有利弊两面。银行业务集中法在加快现金回收的同时，也增加了企业相应的费用支出。由于需要在多处设立收账中心，而每个收账中心的地区银行都要求有一定的补偿性余额，这样一来，开设的收账中心越多，由补偿性余额带来的闲置资金也就越多；设置收账中心需要一定的人力和物力，从而增加了相应的费用支出。因此，企业同样需要在权衡利弊得失的基础上，做出是否采用银行业务集中法的决策，这需要计算分散收账收益净额：

分散收账收益净额＝（分散收账前应收账款投资额－分散收账后应收账款投资额）×企业综合资金成本率－因增设收账中心每年增加费用额

只有分散收账收益净额为正数，企业才能运用银行业务集中法来缩短现金结算

的时间，加速账款回收。

企业对于缩短现金结算技巧的运用可不是雕虫小技，是真正具有大智慧的做法。员工与客户之间的软磨硬泡、斗智斗勇也值得鼓励。如果哪位员工早收款晚付款做得很出色，那是他的本事，企业要给予鼓励并推广其经验，为企业创造更大的效益。

邮政信箱法和银行业务集中法都是企业缩短现金结算时间，加速款项回收的有效方法。企业在日常经营活动中要视具体情况而定，来决定是否采用这两种方法或择其一。在必要的时候，企业为了尽快收回欠款，也可采用"打飞的"这种看似毫不"划算"的收款方式。其实划不划算也要具体情况具体分析，不同情境下企业的选择会有所不同。如上面的小故事中的大发公司，"打飞的"收款收回的是企业十万火急的"救命"的钱，关乎企业银行信誉的重大问题，那么"打飞的"就必然是划算的。如果企业资金运行状况良好，应收账款都在正常的信用期内，那"打飞的"收款貌似就不是那么划算了。毕竟催款员来去几千元的飞机票、差旅费、补贴等，合计起来可是一笔不小的费用。总之，企业要会算这笔经济账。

● 别让钱闲着

导读小故事

古时候，在丰饶富庶的江南小镇上有一个大户人家。这户主人姓钱，人们都称之为钱老爷。这位钱老爷也是当地的首富。但是钱老爷却是贫苦出身，以前在商号里给人做伙计，省吃俭用，攒了点银子，就自己在街上做点小买卖。虽说是小本生意，但是生意却很红火，每年也小有积蓄，而钱老爷也从不乱花钱，把积蓄再投入到买卖中。就这样没几年，钱老爷已经富甲一方。

俗话说：人无忧虑，必有近忧。钱老爷虽说生意红红火火，可自己也已不再年轻了，眼看三个儿子一天天长大，也不知三个儿子经营买卖的本领如何，钱老爷决定考验一下三个儿子。

这一天，钱老爷决定出门远游，他决定趁这个机会，来看看三个儿子除了会干活之外，还会不会利用银子来赚取银子。于是他给三个儿子每人一笔银子谋生。三年后钱老爷回来，大儿子说用父亲给的钱做木材生意赚了两倍，二儿子说用这些银子放利赚了一倍，三儿子说为防丢失将银子埋进地里。钱老爷对大儿子和儿子的做法都很满意，分别安排他们去掌管各处的生意，而对三儿子则收回了原来给的银子。

故事中，大儿子和二儿子不但保住了原有的银子，还赚取了更多的银子，而三儿子并没有使原有的银子增多。对于三个人的谋生之道，父亲对大儿子、二儿子称赞有加，对三儿子则是收回赠款。这是理所当然的。因为钱并不仅仅是钱，在更深层次的意义上，钱是资本，它能增值，带来更大的财富。因此，管理者应该把握"让钱生钱"这个道理来增加企业的盈余质量。

企业经营管理的各个方面都必须围绕着利润最大化这一中心运转。财务管理是企业经营管理的重要环节，理财人员的基本职责就是要使企业保持良好的财务状况，有较强的支付能力以偿还到期债务、分配现金股利、增加非现金资产、满足付现费用、保证再生产的顺利进行。当流动性较强时，企业一方面有足够的现金支付各项费用，为赢利提供保证；另一方面偿债能力提高，进而企业信誉提高，创造出良好的理财环境，使企业筹资能力增强，为企业取得更多赢利提供资金保证。

手段二十：一样的银行，不一样的利息

目前，银行存款仍是国内许多企业主要的短期投资方式，除了常见的活期和定期存款外，在银行之间有各种产品可以帮助企业进行资金的保值和增值，比如通知

存款、协定存款和委托贷款等。巧用这些短期投资方式，能给企业带来意想不到的收益。

　　曾经以"手机中的战斗机"这一广告语为代名词的波导，随着诺基亚、三星和苹果等国际品牌进驻中国市场，以及本土山寨手机的异军突起，经营业绩年年下滑。2005 年，波导发生了首次亏损，这一亏就是 4.79 亿元人民币。2007 年、2008 年连续两年，波导分别亏损 5.93 亿元和 1.72 亿元，公司股票也在 2009 年被戴上"ST"帽子。此后，波导利用银行收紧银根、市场资金短缺的机会，进行了大量的委托贷款业务。2010 年，波导仅有两笔委托贷款，分别是：2010 年 5 月 5 日，波导股份通过交通银行宁波分行奉化支行向青海中金创业投资有限公司发放 9 000 万元的委托贷款，年利率为 13%，贷款期限为一年；2010 年 7 月 5 日，波导股份通过上海银行宁波分行向荣安集团发放 15 000 万元的委托贷款，年利率为 11%，期限为一年。2011 年更是多达 44 笔，累计金额高达 17.66 亿元。同时，为控制风险，波导运用自有资金投资的品种仅限于商业银行经银监会批准发行的低风险短期理财产品，单款产品投资期限不超过一年，不购买以股票及其衍生品以及无担保债券为投资标的的其他理财产品。根据波导股份的 2010 年和 2011 年年报，其"期末非经常性损益项目和金额"一项显示，对外委托贷款取得的损益分别为 1 629 万元和 2 258万元，分别占当期利润总额的 38% 和 36%。2012 年 7 月波导股份也得益于其委托贷款所贡献的利润，摘掉了"ST"的帽子。有股民戏称，曾经"手机中的战斗机"如今已经变身为贷款公司了。

手段二十一：现金管理工具之王——证券市场理财

　　企业在筹资和经营活动中，经常会产生大量短期的现金——有的是由于流动现金比较多，有的是由于公司业务季节性比较强，还有一些是上市公司新募集的资金。这些现金在转入资本投资和其他业务活动之前，通常会闲置一段时间。纵观国内大多数企业，这些资金普遍被闲置，一般就被当做活期存款储蓄在银行中。殊不知，这是一种极大的浪费。但是对于企业来说，现金可以为企业带来额外的收益；如何将企业的闲置资金进行有效利用，也是对企业经营者管理水平的考验。按照风险和收益的不同，企业可以通过银行和证券市场等方式提高闲置资金的利用效率。随着金融市场的完善、投资领域的扩大，理财产品市场发展日新月异，也为企业利用闲置资金进行短期理财提供了可能。

2012年3月12日，深圳市富安娜家居用品股份有限公司与安徽蚌埠市淮上区人民政府签署了《投资协议书》，用于扩张家居用品生产线。该投资项目投资总额高达5亿元人民币，分四期进行：一期为达到生产规划用地的50%及配套；二期为生产规划用地的50%及配套；三期为物流中心项目；四期为电子商务中心、培训中心、展示中心项目。一期厂房及配套将在2012年12月底前开工建设。然而，到2012年8月，富安娜在安徽蚌埠一个高达5亿元人民币投资的项目突遇变故，原本"正常"的项目，突然遭遇搁置，暂时放缓。富安娜家居对此的解释是，由于整个经济形势发生了一些变化，市场也有一些压力。公司也是实时根据经济的发展情况调整了投资和经营思路，所以这个项目暂缓了。

富安娜在上市之后的两年业绩十分抢眼，但是高速增长趋势从2012年上半年突然掉头向下。受市场环境低迷的影响，家纺行业上半年的业绩不佳。数据显示，纺织业三巨头罗莱家纺、梦洁家纺和富安娜2012年上半年的业绩增速均放缓，三家存货规模总计高达16.96亿元。2012年上半年富安娜实现营业收入7.58亿元，同比增长24.83%；净利润1.09亿元，同比增长27.61%。而2010年、2011年的净利润同比增长分别高达48%和62%。为了项目建设，富安娜在2011年期末累计未分配利润高达2.61亿元。

而今这个项目停摆了，富安娜跟安徽蚌埠合作的投资项目暂时没有进行，准备投资的资金闲置下来了。为了资产的收益率和更好地回报股东，把闲置的资金充分利用起来，该公司作了一个理财的决策。

扩产未成，富安娜转身投资理财产品。8月22日，富安娜董事会审议通过了

《关于使用不超过 1.5 亿元自有闲置资金投资低风险银行短期理财产品的议案》，授权公司在一年内可循环利用不超过 1.5 亿元的自有闲置资金，投资低风险银行短期理财产品。

富安娜现金流较为充裕，最近三年平均期末留存的货币资金稳定在 5 亿元水平之上。其理财产品投资方向主要是具有较强流动性的国债、央行票据、金融债、中期票据、银行保本理财产品以及符合乙方授权授信要求并对国有银行或全国性股份制商业银行具有追索权的商业汇票（包括银行承兑汇票和商业承兑汇票）等。

按年收益率 4.8% 来计算，富安娜此次投资的 1.5 亿元理财产品一年后将收益 672 万元，比同等存款金额的定期利息多出约 210 万元。一位纺织行业观察人士分析，富安娜下半年的收入增长不会太快，买理财产品会平缓业绩的波动，使利润下降不像收入那么快。通过投资理财获取的收益，来平抑公司净利的增速下滑，这或许是富安娜在行业低迷时的应对之策。

此外，如果企业存在长期闲置的资金，有效的利用方式是进行股权投资。因为这部分资金长期闲置，进行股权投资不会严重影响企业资产的流动性，危及企业的正常生产经营。再加上股权投资是一次性投入，不像产品研发那样需要持续的资金支持。此外，这种理财方式也可以获得很高的收益。

养血篇

高效运用现金

●供应商，也是"共赢商"

导读小故事

　　小猴很爱吃西瓜，看到小熊种的西瓜又大又好，就跟小熊要了一些种子，准备自己种。小猴从小熊那里拿到瓜籽后，就在自家门前向阳的地方开垦了一块地，按照小熊告诉他的方法种了下去。不久，在小猴的精心照顾下，瓜田里的瓜苗逐渐长大、开花了。瓜苗上开出的花很多、很漂亮，小猴开心极了。小猴瓜田里的花引来了许多蜜蜂，他们在瓜田里忙忙碌碌采集着香甜、可口的花蜜。小猴看到蜜蜂在自己的瓜田里采蜜，非常生气。他想如果蜜蜂把花里的蜜都采走了，自己的瓜肯定不甜了。于是他不时地驱赶着来自己瓜田采蜜的蜜蜂们。蜜蜂们看到小猴不愿意他们在自己的田里采蜜，就纷纷离开瓜田去其他地方寻找蜜源了。到了瓜成熟、收获的季节了，小熊的瓜又获得了大丰收，而小猴的瓜田里却没有几个瓜。

　　故事中，小猴种西瓜失败的原因是：没有认识到蜜蜂在采蜜的同时也起着授粉的作用，他们在采走花蜜的时候，顺便完成了植物授粉的任务。蜜蜂在植物花朵上采蜜，对蜜蜂和植物来说是典型的"双赢"。小猴因害怕蜜蜂采走花蜜后自己的瓜不甜了，于是把采蜜的蜜蜂赶走了，致使自己的瓜苗授粉不好，从而影响了瓜田的收成。企业与供应商之间的关系也是如此，管理好与供应商的关系，不仅可以降低采购成本，减少现金的占用，而且也可以使供应商受益，实现双赢，使供应商真正成为共赢商。

在企业的产品成本构成中，采购的原材料及零部件成本占企业总成本的比重随行业的不同而不同，大约为30%~90%，平均水平在60%以上。对于一个典型的制造型企业来说，一般采购成本（包括原材料和零部件）要占60%，人力资源投入要占20%，各种费用占15%。因此可以清楚地看到，采购成本是企业成本控制中的主体和核心部分，采购成本控制是企业（尤其是制造型企业）成本控制中最有价值的部分。成功地降低企业的采购成本，将会很大程度上减少企业现金流的需求和压力，减少流动资产对资金的占用，从而提高企业资金的使用效率。

手段二十二：寓支持于监督之中

为直接掌握供应商商品质量状况，可由采购方向供应商派出常驻代表，向供应商提出具体的商品质量要求，了解该供应商质量管理的有关情况，如质量管理机构的设置，质量体系文件的编制，质量体系的建立与实施，产品设计、生产、包装、检验等情况，特别是对出厂前的最终检验和试验要进行监督，对供应商出具的质量证明材料要核实并确认，起到在供应商内进行质量把关的作用。对具有长期稳定的业务联系的供应商，建立固定的购销关系；对采购批量大、技术性强、对质量要求严格的供应商，采购方还可派出质检组常驻供应商，不但要对商品质量进行全程、全面的检查和监督，而且还要监督买卖合同的全面执行，保证及时生产、及时发货，满足采购方各方面的要求。同时质检组还可向供应商反映已购产品在使用过程中的问题和对产品新的要求，促使供应商改进和提高产品质量并不断开发用户所需要的新产品。

为有效地控制采购商品的质量，采购方应对供应商导入自己多年总结出的先进质量管理手段和技术方法，主动地帮助、指导供应商在短时间内极大地提升质量管理水平和技术水平，增强质量保证能力。采购方对供应商给予一定的帮助对供应商是有利的，对采购方自己也是有利的。对供应商的帮助是多方面的，其主要目的不是扩大生产能力而是提高商品质量。以提高质量为中心，可帮助供应商组织有关人员的技术培训，进行设备的技术改造，实现检验和试验的标准化、规范化。

三一重工作为我国工程机械的领头羊，在供应商关系管理方面也有其成功的经验，集团推出的"5＋5"帮扶模式实现了企业与供应商的双赢。

在三一重工首次推行的"5＋5"模式帮扶名单中，三一重工供应商昆山民新与东海橡塑被选中，占据了五个名额中的两个。昆山民新与东海橡塑分别是挖掘机生产小件和高压胶管的长期供应商，仅2011年上半年的供货量就达7 000万元以上。帮扶政策启动后，三一重工给予了高度重视，除自己组建的技术团队外，还聘请广州赛宝认证机构的专家团队深入两家供应商的生产车间，对其进行周密的审查评估，全面了解他们的优势与劣势后，提出了合理有效的整改方案。

审查报告显示，昆山民新的生产加工能力强，按时交付率高，但在质量的管控方面、工艺技术、系统文件上存在不足。对此，三一重工内部一支由研究院、工艺制造、质保、商务等部门人员组成的帮扶团队群策群力，为每个环节制订了专业的改进方案，并定期亲临指导。昆山民新负责人对本次帮扶行动表示了极大的欢迎，他说："三一重工是我们最大的客户，我们绝大部分产品都为三一重工量身定制，现在有这么详细的指导，我们的改进方向会更明确，我们的合作也会更顺畅。"

另一家供应商东海橡塑，质量管理方面较为完善，但生产异常现象的监控与工艺执行、监督方面却稍显薄弱。整改建议书中，三一重工针对各个细微问题，出具了详细、具体的解决办法30余条。不仅在质量、安全等一些重要的环节进行指导，还对他们进行专门的培训，力求在技术上给予准确的指导，在意识、文化上也要达成统一。三一重工有关负责人表示，对于两大供应商的帮扶将不遗余力。以后，三一重工还会将帮扶的宝贵经验，推广到更多的供应商。

自 2010 年 3 月起，三一重工就启动了对供应商的驻厂检验、巡检两大制度。对于一些重要的供应商，三一重工派遣质保人员长期驻留现场进行指导。2011 年 5 月，三一重工特意成立了供应商质量委员会，由焊接、铸造、机加工、组装、涂装、热处理等各类专家组成的研发工艺专家库成员，全面展开对供应商的考察与指导。

除此之外，三一重工仍在寻求更多的渠道来支持供应商的发展，确保供应商始终拥有合理的利润空间。在此基础上，还以三一重工的品牌影响力为供应商获取更优惠的原材料，为供应商创造更及时的付款环境，邀请供应商前来交流学习，组织供应商座谈与培训等，这都是促进供应商发展的良好方式。

"'帮助供应商成功'的最终局面是共赢。"一方面供应商可以全面满足三一重工的需求，支持三一重工的高速发展；另一方面，三一重工不仅可以为供应商提供利润，也能借助自身的品牌效应，带动供应商的发展。

手段二十三：杜绝收付款的随意性

谈到付款周期的优化，许多人往往简单地理解为延长付款周期和缩短收款周期。这当然是最简单的通过付款周期获得资金的办法。但我们认为，成熟的企业还可以做更加细致的工作。

付款周期的优化，可以体现在付款准确性上。我国的企业大多习惯于付款的随意性，合同签订的付款周期几乎得不到遵守。比较而言，很多外资企业则有完善的自动化财务系统，付款周期误差很小。在现在的经济环境下，每一天的现金流对企业都非常宝贵，提高回款的准确性意义重大。企业可以尝试针对按时回款提供一定的激励，譬如在可承受范围内对回款准时或者积极的客户提供较为优惠的价格；如果价格上难以承受，也可以利用人员较为富余的机会提供更好的服务等。

付款周期的优化，还可以结合双方的需要，各取所需，实现"双赢"。有的企业现在更头疼的是现金流而不是利润，而有的企业并不缺乏现金，但希望有更好的利润；如果双方找到彼此互补的需求，则可以获得各自所需的好处。有一家摩托车企业，与供应商谈判过程中在价格问题上陷入僵局，最后企业负责人问供应商："如果我全部现款到账，你能不能再让 2% 的价格？"僵局立刻打破，双方达成协议。不缺资金的摩托车企业实现了更低的成本，迫切希望资金周转的供应商则拿到了一笔现金。

手段二十四：过度压价并非明智之举

2011 年"五一"的三天假期对于国美而言，值得振奋。数据显示，截止到 5 月 2 日，仅北京国美"五一"黄金周销售额同比增长近两倍。但飘红的销售业绩，并不能让国美的供应商们高兴起来。甚至有供应商爆料，已经有部分供应商决定"五一"之后停止给国美供货 2 ~ 3 个月，其原因就是国美的费用过于高昂，供应商已经无法承担。

根据国美最近战略调整，国美将在 2011 年新开 480 家门店。国美的大规模扩张需要资金的支持，供应商们感觉到国美正在将压力转移到自己身上。"五一"的大规模优惠活动是国美进行大规模扩张的一部分，国美为"五一"作了充分的准备。国美在 4 月初就开始准备货源，与各厂家谈判促销费用的收取，用于"五一"的价格战。以一台创维彩电为例，32 寸 LED，供货价格是 4 999 元，国美之前已找创维收取了每台 400 元的促销费用并让供应商签字确认，但真正"五一"来临时国美会在 4 999 元减去 400 元的基础上再打 7 折，促销的这部分费用会在节后找供应商收取。如果供应商不签字确认这个费用，国美则不给结算回款。

除了在价格上尽量让供应商让利，供应商在国美的回款速度也让供应商有所抱怨。国美给供应商的回款也并非供应商将货物交给国美之后就能拿回款，而是根据供应商卖出的货物进行回款。举个例子，供应商5月发给国美500万元的货，到了账期只卖了100万元的货，那国美的采购只会让供应商回100万元的款，这100万元的款还要扣除月返20万元。这些还不包括其他费用，如果有退货的话还要把退货款减去，其实真正给供应商的回款是很少的。相比之下，供应商供应给苏宁电器的货一旦进入苏宁仓库，就能拿到回款。

和国美相比，苏宁电器与供应商进行了更好的合作。苏宁的系统已经实现和一部分大供应商系统的直连，供应商可以进入苏宁的系统里，随时察看自己产品的销售进度和库存情况，减少业务沟通成本和劳动强度。同时，利用苏宁与消费者直接接触得来的市场信息，供应商可以更快地清除库存，生产适销对路的产品，使供应链在这种循环当中得到完善。此外，苏宁电器和供应商也将展开更多合作，譬如对消费者共同进行研究，如何把产品在苏宁的店面中快速陈列，如何对服务人员进行培训，以及在供应链上如何使货物更快到达苏宁的仓库，到消费者家中。

由此可见，供应商与大连锁是唇齿相依的关系，是共生共存的关系，大连锁无论如何也不要把供应商逼到绝境。国美过多地压价，挤压供应商的利润空间，在一定程度上降低了企业的竞争力，这也是其落后于苏宁的一个主要原因。

● 使用现金浮游量，账上没钱也能完成交易

导读小故事

有一个小镇，正值炎热的中午时分，太阳高挂，街道上空无一人，大家显得十分慵懒。镇上的每个人都是债台高筑，你欠我我欠你，日子靠信用维系着。这时，从外地来了一位非常有钱的旅客，他走进了镇上最好的一家旅馆，拿出一张1 000元钞票

放在柜台，对老板说想先看看房间，挑一间合适的然后过夜。就在此人上楼查看房间的间隙，店主抓了这张1 000元的大钞，跑到隔壁屠夫那里支付了上个月欠屠夫的肉钱。屠夫有了1 000元，立马就兴奋起来，横穿马路付清了半年前欠猪农的猪本钱。猪农拿了这1 000元，出去付了他欠的饲料款。那个卖饲料的老兄，拿到1 000元赶忙去付清了他请菲佣的钱。有了1 000元，这名菲佣冲到旅馆付了她所欠的房钱。旅馆店主忙把这1 000元重新放回到柜台上，以免旅客下楼时起疑。此时那人正下楼来，拿起1 000元，说没一间房间满意的，他把钱收进口袋，就走了。

这一天，没有人生产了什么东西，也没有人得到了什么东西，可全镇的债务都清了，大家都很开心。

其实以上故事中的"环环相欠"现象，换个角度来看大家早已互不相欠，只是大家还是很有"规矩"地再做了一次形式上的交易（本质上多此一举）。现金1 000元就在这个过程中实现了周转，完成自己的价值。这真是一件神奇的事情！如果没有这1 000元的现金，小镇上的每个人都还是债台高筑，你欠我我欠你地靠信用度日。现金的力量真是令人难以置信！那么公司呢，假如账上没钱，是否也能完成交易呢？

答案当然是：Yes！利用现金浮游量，即使没钱也能完成交易。

手段二十五：现金在缝隙中"游走"

现金在转移过程中存在一定的延迟，就是浮游。现金浮游量，就是企业存款账户上存款余额和银行账簿上企业存款账户余额之间的差额，也就是企业和银行之间的未达账项，是由于账项回收程序中的时间差距造成的。充分利用浮游量是企业广泛采用的一种提高现金利用效率、节约现金支出总量的有效手段。

现金浮游量的产生缘于浮游期的存在，浮游期为什么会产生呢？主要是由于存在在途时滞、存储时滞、结算时滞、通知时滞这四个时滞段。

下图就展现了现金浮游量形成的过程：

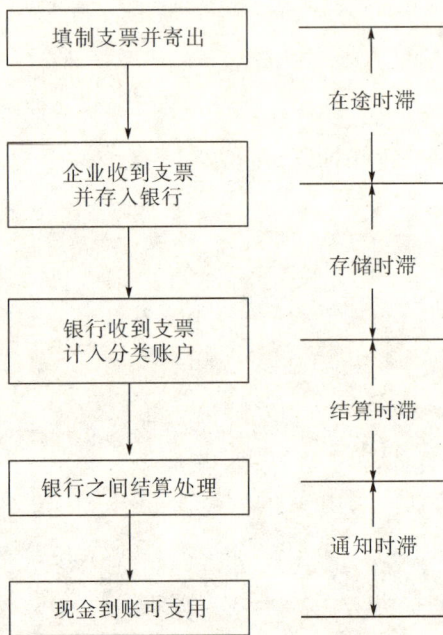

```
┌─────────────┐
│  填制支票并寄出 │
└─────────────┘
       │                    在途时滞
       ▼
┌─────────────┐
│  企业收到支票    │
│  并存入银行     │
└─────────────┘
       │                    存储时滞
       ▼
┌─────────────┐
│  银行收到支票    │
│  计入分类账户    │
└─────────────┘
       │                    结算时滞
       ▼
┌─────────────┐
│  银行之间结算处理 │
└─────────────┘
       │                    通知时滞
       ▼
┌─────────────┐
│  现金到账可支用  │
└─────────────┘
```

即使公司账上一分钱没有也能完成交易。从填制支票寄给供应商、对方收到支票并通过银行完成结算，最后到企业收到现金到账可支用的信息，中间存在着一段不小的时间差（即时滞）。在这段时间内，尽管企业已开出了支票，却仍可动用在活期存款账户上的这笔资金。也就是说，即使这段时间内企业因为"事出突然"将账上的全部资金挪为他用，使得账户上一分钱也没有，只要保证在银行结算前将结算款项"归位"，不至于开空头支票，那么企业也可以完成与供应商的交易。利用现金浮游量，企业账上没钱也能完成交易，可不是天方夜谭。

对于企业而言，既有有利的浮游量，也存在不利的浮游量。有利的浮游量是企业作为付款人产生的支出浮游量，不利的浮游量是企业作为收款人产生的存款浮游量。

当现金浮游量为正时，企业能透支使用银行存款；相反，浮游量为负时，企业非但不能超支使用，还要向账户内增加存入款项，以免受到银行的惩罚。例如，当A企业的银行存款账面余额为 200 000 元，净浮游量为 12 000 元，则企业利用浮游量签发支票的最高数额可达：200 000 ＋ 12 000 ＝ 212 000 元。真正做到了账上"钱"不够，也可以完成交易。但是尤其需要注意的是：企业在使用现金浮游量时，一定要控制好使用的时间，否则会发生银行存款的透支。开"空头支票"可不是信誉良好的企业所期望看到的。

正是浮游期的存在导致了浮游量的存在，导致了企业的可支用现金余额与企业的账户余额不一致。但企业作为收款人产生的存款浮游量，是不利的浮游量。下面的案例充分说明了这一问题。

例如，B 公司在中国工商银行的存款账户 7 月 31 日的企业账户余额、银行分类账余额和可支用余额都是 10 万元。8 月 1 日，企业收到支付货款的中国建设银行转账支票一张，价值 5 万元，当即存入银行，时间是 15 点。该公司的开户行为了有充足的时间处理各分行转来的支票，规定 14 点之前存入的支票计入当天的余额，14 点之后存入的支票计入第二天的余额。银行收到支票后，与付款方开户行进行清算。由于为异行结算，需要 3 天的结算时间。那么，B 公司 8 月 1 日至 5 日，企业账户余额、银行分类账余额和可支用余额分别是多少呢？

对于公司来说，由于 8 月 1 日已将支票存入银行，就可根据进账单回单借记（增加）银行存款，增加企业账户余额；对银行来说，由于企业存款时已经超过当日截止时间，因此在 8 月 2 日才能贷记（增加）分类账余额；8 月 4 日银行间的结算才完成，可支用余额才能增加。现金余额变化如下表所示：

现金余额变化表　　　　　　　　单位：万元

日期	1 日	2 日	3 日	4 日	5 日
企业账户余额	15	15	15	15	15
银行分类账户余额	10	15	15	15	15
可支用余额	10	10	10	15	15

虽然 8 月 1 日企业账面上就有 15 万元的银行存款，但是这一天只可以支配利用 10 万元，直到 8 月 4 日才能真正动用额外的 5 万元款项。真是看得"吃"不得，对

收款企业而言，真是很不"给力"！

以上案例中的 B 企业作为收款方，其产生的存款浮游量是不利的。但是换一个角度思考，作为相应付款人的 C 企业岂不变成了可以利用浮游量的有利的一方。总量是一定的，一方获利，就必然有一方吃亏，这是亘古不变的道理。

中国移动香港的 CFO 薛涛海是 2004 年中国 CFO 年度人物。在其任职期间，中国移动成为国内第一家在海外整体上市的电信公司。作为国有特大型企业的 CFO，薛涛海特别关注研究探索大型企业集团有效的资金管理模式：一方面，通过富余资金开展各种资金增值业务，提高资金的使用效益；另一方面，他还特别关注现金浮游量的不利之处，通过盘活沉淀资金，使得现金浮游量大大地减少，降低了集团总体的融资费用。看来，一个称职、合格甚至出色的 CFO 离不开对现金浮游量的正确掌控，以做到趋利避害，盘活企业资金。那么，企业如何才能有效地利用和管理现金浮游量呢？

手段二十六：利还是弊？现金浮游巧管理

企业作为付款人，在处理浮游量中处于优势地位。因此，付款方浮游量越大，对企业也就越有利，应尽量增加它。远距离支付就是其中之一，能产生有利的现金浮游量。企业可选择距离供应商较远的企业开户银行开出支票，这样会在打上邮戳后的几天内继续持有应付出的款项。例如，由北京的企业开户银行向深圳的供货商开具支票就会增加企业的支出浮游量，因为这样无疑延长了通过银行系统进行支票结算所需的时间。另外，企业也可选择距离供应商较远且所需处理手续繁杂的邮局寄出支票，这样也会增加企业的支出浮游量，因为这样延长了支票邮寄过程所需的时间。但是这样的方法的使用有些投机取巧的成分，企业必须要掌握好一定的度，尤其对那些大客户、老客户要适度，以免得不偿失。

然而，对于收款企业而言，浮游量的存在是不利的，企业通过更有效率的现金管理或通过与客户或银行的协议可以达到缩短浮游期的目的。企业通过先进的传递工具，或条件允许的情况下，对大额款项可以专门派人去取，以减少在途时滞。全部支票与现金于收到当日存入银行，可以有效地控制存放时滞。企业可能仅仅由于没有意识到账户中有结余的资金而失去使用或投资这些资金的机会。所以，有关结余余额的信息可以通过打电话给银行，或是通过安装现金管理报告系统来获得，这样就能减少浮游量的通知时滞，将现金浮游量的不利影响降至最低。

随着互联网的蓬勃发展，电子付款方式将会大大减少企业对现金浮游的利用和管理。现金浮游量的存在是由于现金在付款企业与收款企业之间的划转需要一定时间，这段时间的存在是由金融机构之间以及金融机构和企业之间联系的低效率引起的。随着电子商务的应用，互联网能够完成资金划拨信息的实时、高效传输，消除了现金浮游的适用环境和条件。此外，随着电子付款方式日益普及，收款企业不必再接受票据为唯一可选择的付款方式，势必会要求采用更为直接、快捷的电子付款方式。因此，企业试图推迟支付以利用浮游的余地会变得更小，因此现金浮游量这一传统环境下提高现金使用效率的有效方法在电子商务环境下将失去其作用。电子付款对于收款企业而言是再好不过的选择，但是对付款企业来说可就真正"杯具"了，再也没有时间差可以利用浮游量。只能说几家欢喜几家忧。

●以物易物：做不花钱的交易

导读小故事

在美国，有个叫麦克唐纳的青年人，用一个特大的红色曲别针换来钢笔、啤酒桶、雪上汽车、外出旅游音乐合同等，最后经过一番周折，竟然换回了一套别墅。

这真是不可思议的事情！

麦克唐纳的以物易物故事始于 2005 年 7 月。麦克唐纳有一枚特大号的红色曲别针，是一件难得的艺术品，设计独特，造型精美。为了可以通过这枚曲别针交换些更大更好的东西，他在当地的物品交换网站上贴出了广告。很快来自英属哥伦比亚的两名妇女对他的红色曲别针一见钟情，用一支鱼形钢笔换走了他的曲别针。之后艺术家安妮·罗宾斯用一只绘有笑脸的陶瓷门把手换走了鱼形钢笔。接下来他换回的东西的价值越来越大。发电机、百威啤酒的啤酒桶、一辆旧的雪上汽车、一次旅游机会……最后，麦克唐纳从一位音乐家那里得到了一份合同——去工作室录制唱片。麦克唐纳把这个机会让给了凤凰城一名落魄的歌手，歌手感激涕零，把他的一套双层公寓送给了麦克唐纳。

手段二十七：企业也过把"换客"瘾

我们不禁有这样一个疑惑，企业在日常营运过程中是否也可以成为这样的"换客一族"？

答案当然是肯定的，而且已经有不少这样典型的"换客"企业。美国国际农机公司就是这样一个有远见、睿智的企业。

美国国际农机公司是收割机制造业的后起之秀。创始人西洛斯·梅考克根据大多数农民没有钱或没有那么多现钱、买不起价格昂贵的农机产品的实际状况，采取了"优质低价"和"分期付款"的措施，但销售量仍不令人满意。为使公司销售方法能出奇制胜，梅考克发动公司员工出主意想办法，但始终没有找到好的突破。梅考克终日冥思苦想，也只是一筹莫展，毫无良策。

一件生活小事，使得他茅塞顿开。

这天，梅考克从公司下班回家，路过一个广场时看到一群孩子在做游戏，而且玩得相当带劲。面对这些天真的孩子，他不禁童心大发，停住脚步，饶有兴趣地在一旁观看起来。

这群孩子玩累了，便停下来休息，其中一个较大一点的孩子从兜里掏出一个盒子，当众打开，里面装的是一包包奶糖。这孩子炫耀说："真好吃呢。"说着，他取出一块糖放在嘴里起劲地嚼了起来。其他孩子看他吃得津津有味，馋得口水直流。

"我一个人吃不了这么多，"那个大孩子好像看透了其他孩子的心理，装模作样地说："可我又舍不得白送给你们。我看这样吧，便宜一点卖给你们，一角钱一包，怎么样？"

孩子们迫不及待地掏钱买糖，只有一个较小一点的孩子，哭丧着脸，眼巴巴地看着别人吃。

"你不想吃？"大孩子问。

"想吃，可我只有三分钱，能不能卖给我三块糖？"

"我不零卖，你回家去要钱，不就可以吃到了吗？"

"可我爸爸妈妈都上班去了，家里没人。"

看着那个小孩噘着小嘴无可奈何的样子，梅考克正想上前给他一角钱，就在这时，那个小孩却从口袋里掏出一个小小的玩具，向那个大孩子建议："我拿这个跟你换，行不行？"

那个大孩子接过玩具看了看便说："行！"这样，一笔小小的交易就做成了。

看到这里，梅考克高兴得差点叫了出来，心头的忧郁一下子烟消云散。

从这与销售机器毫无关系的事情中，梅考克找出了以物易物这种最原始的商品交换手法。

农民手里虽然没有那么多现款，可他们手里有粮食，地里有麦子。梅考克边想边返回公司，等到回到办公室后，一套新的推销方法便在脑海中形成了：农民可以暂时不交钱，机器先拿回去用，等麦子收割后，再用麦子付款。这样就可以使那些没钱的农民也能使用上公司的收割机。

梅考克还把这一办法与分期付款结合起来，仅仅三年便大见成效。梅考克的国际农机公司的规模迅速扩大，产量成倍增长，而且，还打入了国际市场，成了名副其实的"国际农机公司"。

手段二十八："换客"换来所需：为企业减少开支

顾名思义，以物易物就是指企业与企业之间以各自的产品或服务换取对方的产品或服务，从而满足双方所需，达成双赢。早在远古时代，以物易物便已成为人们之间的交易方式。但是我们现代企业采取的"以货易货"的交易方式，可以看做是市场经济促生的一个"新生事物"，尽管它以原始的、朴素的交易方式出现，不过以现代化的通信工具为支撑，它与原始的交易方式还是有着本质的差别。

以物易物最大的功能就是能保证企业资金的稳定，减少货币资金的占用，帮助厂家清货，还可以帮助厂家寻找企业所需的原料、产品或服务。另外，物物交换还有一个潜在的优势，就是可以免除或是降低税收成本，合理避税。

某大型国有企业在正常的生产情况下，仓库的利用率没有达到饱和，有闲置的仓库场地。而其原料供应商则刚刚购买了新的生产线，产量大增，导致了仓库用地的紧张，使得生产难以正常进行。在目前的情况下，供应商要新建仓库就会导致资金紧张，同时由于工程耗时长，也不能在短期内解决仓储问题。于是，该供应商用免费提供部分原料方式代替了国有企业的仓库租借费用。这样一来，既盘活了国有企业的闲置资源，也减少了其购买原料的现金支出，减少了资金占用，保证了现金流的稳定。而该供应商也解决了仓库用地紧张的困难，使生产线又能开始正常营运。真可谓是一箭双雕、两全其美的方式！

随着日益严峻的竞争，贷款难、融资难问题日益突出，现在很多企业都已经习惯通过以物易物的方式来交换他们的闲置物品，这些闲置物品既占据了仓储空间，又难以发挥它们的价值。而通过以物易物的方式，有偿提供给急需的人，不但解决了企业库存积压的难题，盘活了现金流，也为他人提供了帮助，是双赢的局面。以物易物方式的好处不言而喻：帮助企业盘活资产，解决资金短缺、销售不畅、产能过剩、库存积压等难题，同时，极大地促进了企业间商品流通和社会发展。

　　美国一家机构曾作过统计，在美国以物物交换概念进行的交易额，每年就接近7 000亿美元，是全球交易额的四分之一。试想"全球交易额的四分之一"，这是怎样庞大的一个数字概念！实际上，65%纽约证券交易所上市的公司，譬如三菱汽车、可口可乐、百事可乐和兰克施乐等，都曾进行过物物交换。在新加坡，已经有专门的经营物物交换的公司。该公司总裁介绍说，物物交换公司就犹如一个中间人，它的责任就是为物物交换的方式提供企业种种方便及协调整个交易过程。

　　有人可能会有这样的疑惑，在金融业高度发达、货币作为一般等价物广泛运用的今天，易货贸易这种古老的交易方式为何还会存在？其实，通过货币结算不是更方便吗？

　　实际上，由于国际贸易中经常存在外汇结算、信贷额度限制，易货贸易这种绕开限制的通路一直存在，特别是在金融危机之后，很多企业由于得不到银行贷款，不得不采取易货方式"买入"原材料，"卖出"库存商品。

　　以物易物不仅能有效解决货物积压、资金被长期占用的问题，还能节省大笔采购资金，节约成本。下面就以汇源果汁与澳柯玛的一笔贸易合同为例向读者算一笔账：汇源果汁用41万箱果汁与澳柯玛SC276型和SC360Y型共计6 000台展示柜进行易货，价值1 407万元。汇源果汁扩大了1 407万元果汁销售，果汁销售成本约30%，仅销售成本即节约了422.1万元（1 407万元×30%），加上2%的采购成本28.14万元，汇源共可节省成本450.24万元。同理，澳柯玛也节省了一大笔可观的费用。

　　多位国际经济学家曾经预言：世界经济将进入货币经济和易货经济并行的新时代。2010年北美易货贸易额已经占到了贸易总额的36%，2010年世界500强企业有85%的企业成立了易货事业部，美国纳斯达克60%的上市公司都有易货贸易并获得了迅猛发展。

手段二十九："换客驿站"：为企业牵线搭桥

"换客驿站"，其实就是指以物易物的服务中心。很多企业都知道易货贸易的形式，也深知其优势，但苦于没有合适的对象进行易货交换。"换客驿站"的打造就是为企业提供一个可以发布其易货消息的服务平台。

目前我国很多城市已经成立了以物易物的服务中心，譬如上海、北京、宁波等。以物易物服务平台的打造，意在解决企业的资金周转难题，将企业多余的产品变成企业需要的产品。因为即使最畅销的商品也有滞压的时候，这类商品还是存在有不小的市场，只是暂时没有找到合适的买家。以物易物服务平台就如同是牵红线的月老，为企业牵线搭桥，帮助滞压方和需求方达成"两情相悦"的交易，以实现各取所需的资源最高效的配置。

但是，易货方式虽然能够帮助企业节约现金，降低库存，但是在操作过程中也存在有一定的风险。参与易货企业要面临的是交易双方和中介方的信用风险，为了解决易货的安全、信用问题，通过中介机构介入，易货双方虽然都可以降低风险，但中介商的信用风险及中介商增加的成本也需要考虑，同时易货过程中的税务问题也需要关注。只有如此，才能发挥以物易物最大的优势，清理积压存货，减少资金占用，使企业现金流趋于稳定。

但一个企业的资金总是有限的，如何用好现金永远是值得研究的课题。用最少的钱来做最大的事，这就需要在每个环节上都要控制现金的支出，如果能用不同的交易方式、结算方式来减少现金的支出，将会为企业赢得更大的发展空间。

实际上，以物易物这种"原始"的交易方式一直是站在世界大舞台上的，这种交易方式不仅可以使资源得到合理配置与利用，也让人们寻找到了既省钱又有乐趣的生活新方式。

● 做一个称职的 CFO

斯图亚特是著名的船商、银行家，他曾经有一句名言：在经营中，每节约一分钱，就会使利润增加一分，节约与利润是成正比的。

斯图亚特努力提高旧船的操作等级以取得更高的租金，同时降低燃油和人员的费用，他特别重视控制成本和费用的开支。他一直坚持不让他的船长耗费公司一分钱，他也不允许管理技术方面工作的负责人直接向船坞支付修理费用，他认为他们没有理财意识。因此，水手们称他是一个"十分吝啬的人"。

直到他建立了庞大的商业王国，仍然保留着这种节约的习惯。一位在他身边服务多年的高级职员曾经回忆说："在我为他服务的日子里，他都是通过手写的字条向我传达工作要求的，而且字条的纸质非常的粗糙，他的字写得又窄又整齐，他会提前把一张信纸撕成一条一条的，这样一张信纸就可以写三四条指示。"一张只用了五分之一的白纸，不应把其余部分浪费，这就是他"能省则省"的原则。

企业要想获取更多的利润，不能只把眼光放在扩大收入上面。利润是收入减去成本费用的结果，所以企业还可以通过降低成本、减少不必要的开支来增加利润。不仅要开源，节流也非常重要。要想取得更多的利润，节约每一分钱，实行最低成本原则仍然是非常必要的。要知道，节约一分钱就等于赚了一分钱。

故事中的斯图亚特重视节约每一分钱，认为节约一分钱就等于赚了一分钱。当代企业在资金使用过程中，也要认识到节约每一分钱的重要性，在进行资金运作时，要考虑货币的时间价值，需权衡资金的成本和收益，通过合理的选择，使得企业的资本成本最低，以期实现企业价值的最大化。货币时间价值是指当前所持有的一定量货币比未来获得的等量货币具有更高的价值，即货币随着时间的推移而发生的增值。

众所周知，微软公司的创始人比尔·盖茨是当今世界上最富有的人之一，他的个人净资产已经超过美国 40% 最穷人口的所有房产、退休金及投资的财富总值，但是比尔·盖茨的节俭意识和节俭精神比他的财富更令人惊诧。1987 年，比尔·盖茨与温布莱德在一家饭店约会，助理为他在该饭店订了间非常豪华的房间。比尔·盖茨一进门便呆了——一间大卧室、两间休息室、一间厨房，还有一间特大的会客厅。比尔·盖茨禁不住骂道："是哪个混账东西干的好事？"他认为这样的行为是非常奢侈的。即使是最富有的人之一，比尔·盖茨还是那样的节约每一分钱。同样作为企业的管理者，你也应该在日常管理中想尽一切办法节约企业的每一分钱，充分利用企业的商业信用，如确定合理的付款时间、巧妙地利用商业票据等。

现代社会给人们提供了各种各样的融资渠道，其中商业信用就是一条重要的渠道，能否利用这些融资渠道为自己的企业或公司筹集资金，是衡量一个人是否善于理财的标准。在现代商业社会，用别人的钱赚钱已经成为商界的一条准则。商业信用是公司生产经营过程中一种持续性的信用形式，是所谓的"自发性筹资"，是指在商品交易中由于延期付款或预收货款所形成的企业间的借贷关系。商业信用运用广泛，在短期负债筹资中占有相当大的比重。

虽然企业有很多的融资手段，但与其他的融资手段相比，商业信用融资有其独特的优势：首先，筹资便利。企业在商品买卖过程中便会产生商业信用，不需要办理特殊的手续，属于一种自然性融资。其次，筹资成本低。如果没有现金折扣，或者企业不放弃现金折扣，以及使用不带息应付票据和采用预收货款，则企业采用商业信用筹资没有实际成本。最后，限制条件少。与其他筹资方式相比，商业信用筹资限制条件较少，降低了企业的筹资难度，条件比较优越。

企业也要注意商业信用的缺陷，合理安排企业的现金收支。首先，它期限较短。采用商业信用筹集到的资金，使用期限一般都较短。如果企业要取得现金折扣，企业的还款期限会更短，会增加企业的偿债风险。其次，它筹资数额较小。采用商业信用筹资一般只能筹集小额资金，与企业的买卖金额有关。最后，在某些情况下会有较高的成本；如果企业放弃现金折扣，必须付出一定资金成本；如果企业延期付款，可能会影响企业的商业信誉，而它属于企业的一种无形资产。

手段三十：认清成本，相机而动

应付账款是企业购买货物暂未付款而欠对方的款项，即卖方允许买方在购货后一定时间内支付货款的一种形式。卖方利用这种方式扩大企业的销售，而买方可以延期付款则等于向卖方借用资金购进所需商品，可以满足短期的资金需要。

在规范的商业信用行为中，卖方为了控制应付账款期限和数额，往往向买方提出企业的信用政策。信用政策具体包括信用期限和给买方的购货折扣与折扣期，如"2/10，n/30"，表示客户若在10天内付款，可享受2%的货款折扣，若10天后付款，则不享受购货折扣优惠。应付账款的商业信用期限最长不超过30天，但也会存在延期付款的企业，这不利于企业商业信誉的建立和维护。

应付账款融资最大的特点在于容易取得，无需办理筹资手续和支付筹资费用，而且它在一些情况下不需要承担资金成本。其缺点在于期限较短，放弃现金折扣的机会成本很高。

当卖方企业向买方提供商业折扣，对买方企业来说这种应付账款就存在成本，这时使用应付账款是要买单的。倘若买方企业购买货物后在卖方规定的折扣期内付款，便可以享受免费信用，这种情况下企业没有因为享受信用而付出代价。一般而言，放弃现金折扣的成本可由下式求得：

$$放弃现金折扣 = \frac{折扣百分比}{1 - 折扣百分比} \times \frac{360}{信用期 - 折扣期}$$

从公式可以看出，放弃现金折扣的成本与折扣百分比的大小、折扣期的长短同方向变化，与信用期的长短反方向变化。

　　长期以来，甲公司与乙公司一直保持着业务关系，甲公司一直向乙公司购买原材料，乙公司开出的付款条件"4/10，n/30"。甲公司的财务经理翻阅公司账目，发现会计人员对该项交易的处理方式是，在收到货物 15 天支付款项。财务经理问会计人员为何不按付款条件争取现金折扣，该名会计人员说：这个交易的成本只有4%，而银行贷款成本却为 12%，因此没有接受现金折扣。事实上，这个会计人员的认识是错误的，他将 10 天付款给予的现金折扣 4% 当做信用成本。4% 的损失是企业为多利用商业信用 5 天所承担的代价，要折算为筹资成本，数字远远高于12%。所以企业一定要认清本质，正确认识筹资成本，从而根据企业的投资机会和筹资成本作出正确的决定。

　　在附有信用条件的情况下，因为获得不同信用要负担不同的成本，买方企业要在利用哪种信用之间作出决策。一般说来：如果能以低于放弃现金折扣的利息成本（机会成本）的利率借入资金，便应在现金折扣期内用借入的资金支付货款，享受现金折扣；如果在折扣期内将应收账款用于短期投资，所得的投资收益率高于放弃折扣的隐含利息成本，则应放弃折扣而去追求更高的收益。当然，如果企业放弃折扣优惠，也应将付款日推迟至信用期内的最后一天，以降低放弃折扣的成本；如果企业因缺乏资金而欲展延付款期，则需要在降低了的放弃折扣成本与延期付款带来的损失之间作出选择。延期付款带来的损失主要是指因企业信誉恶化而丧失供应商乃至其他贷款人的信用，或日后招致苛刻的信用条件。还款期限的选择决定了企业资金的成本和资金的使用效率，记住节约一分钱就等于赚了一分钱，一定要做一个称职的财务人员。

手段三十一：诚信就是资本

　　多年以来，巴菲特一直把《财富》杂志所调查"最受人景仰的企业"那一票投给了沃尔玛，因为他对沃尔玛的诚信和经营能力有着高度的信心。2003年春天，巴菲特得知沃尔玛有意出售一个年营业额约230亿美元的非核心事业部，该事业部名为麦克林（McLane）。巴菲特决定购买该事业部，当时整个收购交易非常迅速，巴菲特和沃尔玛的首席财务官面谈了两小时，巴菲特当场点头同意收购金额，而沃尔玛的首席财务官也只通过电话请示首席执行官后，交易就宣告结束。这种交易是否太过于草率？巴菲特说，他相信沃尔玛财务报表所提供的一切数字，因此计算合理的收购价格对他轻而易举。事后也证明，沃尔玛提供给巴菲特的各项数据的确坦诚无欺。信誉对企业来说就是资本，良好的信誉，不仅能减少双方交易的时间，而且还能节约双方交易的成本。

商业票据的签发需要企业的信誉。商业票据是指由金融公司或某些信用较高的企业开出的无担保短期票据。商业汇票的可靠程度依赖于发行企业的信用程度，可以背书转让，但一般不能向银行贴现。商业票据的优点：首先，它无需担保，即不需要用实体财产作抵押，只依赖于发行企业的信用；其次，流通性强，可接受度比较大；再次，利率低，其利率一般低于银行贷款利率但高于国库券利率；最后，限制少，其融资方式不像其他融资方式受到较多法律法规限制，而且没有最高限额，使公司有广泛的资金来源，从而降低企业的融资难度。

总部位于深圳的中国国际海运集装箱集团（以下简称"中集集团"），虽然没在国内证券市场筹资，但业绩持续增长。企业的资金营运，主要是在国际市场通过商业票据进行的，中集集团先后发行了5 000万美元、7 000万美元的1年期商业票据。由于受2008年金融危机的影响，在部分外资银行收缩亚洲业务的背景下，中集集团成为金融危机后国内第一家成功续发商业票据的公司。中集集团正是充分利用自身的信誉优势，通过商业票据融得企业经营所需的资金，降低了企业的经营成本。

虽然商业票据是企业融资的好帮手，可以帮助企业延缓现金的流出，但是商业票据的融资是有条件的，具体包括以下几点：①信誉卓著，财力雄厚，有支付期票金额的可靠资金来源，并保证支付；②非新设立公司，发行商业票据的必须是原有旧公司，新开办的公司不能用此方式筹集资金；③在某一大银行享有最优惠利率的借款；④在银行有一定的信用额度可供利用；⑤短期资金需求量大、筹资数额大，资金需求量不大的企业不宜采用此方式筹集资金。

手段三十二：借势取利

美国大资本家古尔德虽然收购了除国库外的美国市场上多数黄金，基本上控制了市场上的黄金价格，但是国库还有大量黄金，如果政府抛售黄金，金价势必会下降。古尔德了解到当时的总统格兰特有一个妹妹嫁给了柯尔平上校，而柯尔平并不富裕。古尔德专程拜访柯尔平并十分客气地邀请他入股投资黄金。柯尔平选择与他签约，只要黄金价格上涨，柯尔平每周可以领到这些黄金股的溢价差额，若黄金下跌，他相应要做出赔偿。为了防止金价下跌，柯尔平主动劝说总统不要抛售政府手中的黄金。随后市面上黄金渐少，金价飞速上升，引起全美国一片愤怒之声，总统格兰特迫于舆论压力，决定抛售国库黄金。柯尔平马上把这一紧急情况告诉了古尔德，同时又设法劝说总统暂缓一天宣布。就在这一天内，古尔德抛售了他所有的黄金，一天净赚了 2 000 万美元。一天之内净赚 2 000 万美元，这是古尔德一生中最大的杰作，他使用的方法就是借势取利。古尔德借势取利的方法企业完全可以借用，那就是利用预收账款，拿别人的钱，为企业所用。对卖方来讲，预收账款相当于向买方借用资金后用货物抵偿。预收账款一般用于生产周期长、资金需要量大的货物销售，因此期限相对较长。

在我国，预收预付款项的现象广泛存在，部分企业，尤其是商品流通企业和服务性企业，为了维持客户忠诚度、加强营销力度、防范资金风险等，发行了大量的消费卡，通过预付的形式筹集了大量的资金。发放该类消费卡的企业从消费者处获取了大量的商业信用，这些商业信用形成了企业的一种融资来源。

在某经济发达地区，一家成品油销售企业在市场上占主导地位，通过发行 IC 卡的形式，筹集了大量的客户资金。截至2011年年底，该企业IC卡预收账款的期末资金余额，超过了该公司年度销售收入的10%，超过了流动资产合计规模的3倍，而同时期的应收及预付账款余额合计，只有预收账款余额的3%。通过该方式企业既可以筹集经营发展所需资金，拓展经济业务，进行资金周转，同时可以稳定客户，保证企业的市场销售份额，增强企业的市场竞争力。

● "朝三暮四"——工资支付有技巧

导读小故事

　　宋国（今商丘）有一个养猴子的老人，他很喜欢猴子，养了一大群猴子，他能理解它们的心意，猴子们也能了解他的心思，养猴老人减少了他全家的粮食来满足猴子们的欲望。但是有一年碰上粮食欠收，他将要限制猴子们吃橡实的数量，担心猴子们对自己不驯顺，就先骗猴子们："现在粮食不够了，必须节约点吃。每天早晨吃三颗橡实，晚上吃四颗，怎么样？"众多猴子一听很生气，都跳了起来。过了一会儿，他又说："我给你们的橡实，早上四颗，晚上三颗，这样总够了吧？"猴子们听后都很高兴地趴在了地上。

　　这个寓言故事本来是说明猴子是愚蠢的，因为无论是早上三颗，晚上四颗，还是早上四颗，晚上三颗，最后的结果都是一样的：每天给猴子七颗橡实。但是从另外一个角度考虑，猴子们的做法是有道理的，"朝四暮三"优于"朝三暮四"的更重要的意义在于：早上得到的是在眼前的，而晚上是十二个小时之后的事。尽管总数都是七个，但是先得到四个，就是先得到了"大头"。"大头"在手与"大头"在外显然是两个不同的概念。如果猴子们任由耍猴人"朝三暮四"，就等于是把潜在的不确定因素和风险的"大头"扛到了自己的肩上，可能要付出更多才能获得本已属于自己的橡实。聪明的猴子当然不会同意，所以它们要通过抗争获得耍猴人的让步。

手段三十三：勿入降薪的死胡同

企业的竞争主要还是人才的竞争，而要吸引高素质的人才，高额的工资在所难免。如果受金融危机的影响，企业的业务量裹足不前，各项成本居高不下，减产裁员的呼声甚嚣尘上，这时裁员降薪是公司一般的做法，原因是相对于生产流程重组、改进产品设计以及改变企业文化来说，降低工资价格操作起来最容易，效果也是立竿见影，体现在财务报表的工资成本减少、总成本降低以及利润的增加。不少企业的高级管理人员坚信降低工资价格可以降低人工成本，实际上他们高估了工资价格的杠杆作用。那么人工成本究竟是不是工资成本？降低了工资成本就一定会降低人工成本吗？

在回答这个问题之前，请看下面的案例：

有两个小型钢厂，A钢厂的工资水平为18.07元/小时，B钢厂则为21.52元/小时。假设两个厂的福利待遇完全一样，究竟哪个厂的人工成本更高呢？看完后你可能觉得这还用问吗，当然是B厂的人工成本高些，确实如此吗？欲知真相如何，请看下面的分析。

虽然B钢厂的工资价格比A钢厂高出大约16%，但是否意味着B钢厂的人工成本必定高呢？实际的情况是，B钢厂的人工成本比A钢厂要低很多。原因何在？生产1吨相同规格的钢材，B钢厂需要的人工工时比A钢厂少34%，而且报废率要低63%。虽然B厂的工资价格高，但考虑到生产率因素，B钢厂仍有人工成本优势。

从上例我们可以清晰看出，一个工厂的工资成本并不等于人工成本，工资价格优势并不必然带来人工成本优势。一个员工的工资价格等于基本工资、福利、分红等所有收入除以工作时间，也就是工资率。在考核人工成本时，要综合考虑员工的工资和员工创造的价值两方面，单位人工成本等于平均工资除以工业增加值。这也是为什么 B 钢厂人工成本较低，因为在同等的工作时间内和相同数量的生产工人情况下，B 钢厂能够生产出更多、更优的钢材。只看到员工的工资而对员工创造的价值视而不见，是没有真正理解人工成本的表现。

因此，当企业面临危机时，高级管理人员不要总是陷入降低工资的死胡同，一味地裁员降薪，殊不知如果员工能够和企业一起迎接困难，思考"降本增效"之道，最终受益最大的还是企业。总之，我们要走出人工成本就是工资成本的误区，认识到对人工成本的衡量并不仅仅是工资这单一的指标，只有这样我们才能避免走入降低工资的"死胡同"中，才能更好地理解工人工资和企业成本之间的关系，更好地为企业创造价值。

手段三十四：工资支付中的拖延战术

工资方面有很多的技巧，掌握并熟练地运用这些技巧，可以给公司带来意想不到的好处。就像寓言故事中的猴子一样，它们深入理解了橡实的发放，所以通过抗争，获得了对自己有利的食物发放方式。同样的道理，工资的支付也是可以朝三暮四的，我们可以合理地安排工资的支付，通过一些支付上的拖延技巧降低工资的成本。

目前的工资支付方案，主要有以下几种：

月初发本月工资。这个方式一般国家政府机关、事业单位实行，每个月月初发放本月工资，属于提前预付工资制。

月底发放本月工资。这个方式被某些国有大型企业、资金雄厚的上市公司采用，每个月月底发放本月工资，属于一天都不拖欠的类型。

每月 15 日发放上月 1～30 日工资。这样，员工工资可以有半个月的延迟，这笔钱，就可以在这半个月里面投入公司运营，相当于半个月无息贷款。

每月 25 日发放上月 1～30 日工资。这个方式类似于第三个方式，只是将发放的时间延长到 25 天，公司可以有 25 天的无息贷款可以利用。

从上面四种方式可以看出，对企业现金流量最有好处的是第四种支付方式。但是员工工资的延期支付，不是鼓励拖延工资，这一点还请企业经营者遵守。

虽然第四种支付方式是目前看来最好的支付方式，但是我们也不应该受现存的支付方案的限制，开阔思路，也许就有更好的方案。作为社会人，我们每一天都要吃穿住行，而这每一项都需要金钱的支持，我们工作的首要目的是养家糊口，只有实现了这个基本的生存条件，人们才可能创造更多的价值，因此企业在支付工资的时候必须考虑到这一点，然后利用这一点。具体做法就是分批支付工资，先支付员工一部分的工资，满足员工的基本生活需求，然后延迟一段时间后再支付员工的剩余工资。这样既没有损害员工的利益，又能够减轻公司的资金周转压力，降低公司的资金成本。

分批支付工资技巧，主要有以下两种：

每月 10 号发放本月工资的 30%，有了一定的工资，就可以满足员工生活的基本需要。每月 25 号发放本月的剩余工资。

每月发放本月的基本工资，等到年终发放年终奖金。这样可以在一个年度缓解公司资金压力，相当于给公司提供了一年的无息贷款，等到年终的时候才去偿还。

手段三十五：薪酬激励，企业激励体制的"圣经"

尽管薪酬不是激励员工的唯一手段，也不是最好的办法，但却是一个非常重要、最易被运用的方法。即便薪酬总额相同，只要支付方式不同，也会取得不同的效果。所以，如何实现薪酬效能最大化，是一门值得探讨的艺术。

要想使薪酬既具有最佳的激励效果，又有利于员工队伍稳定，就要在薪酬制度上增加激励功能，同时在实际操作中学会使用一些技巧。下面介绍的几种方法，或许能给您一些启发。

在薪酬构成上增强激励性因素。

从对员工激励的角度上讲，可以将广义的薪酬分为两类：一类是保健性因素（或称维护性因素），如工资、固定津贴、社会强制性福利、公司内部统一的福利项目等；另一类是激励性因素，如奖金、物质奖励、股份、培训等。如果保健性因素达不到员工期望，就会使员工感到不安全，出现士气下降、人员流失，甚至招聘不到人员等现象。另一方面，尽管高额工资和多种福利项目能够吸引员工加入并留住员工，但这些常常被员工视为应得的待遇，难以起到激励作用。真正能调动员工工作热情的，是激励性因素。

对不同的人员要用不同的激励措施。众所周知的马斯洛（Maslow）需求五层次理论说明，人的需求是分层次的，只有满足了低层次的需求之后，才会考虑高层次的需求。工资是满足低层次需求的保障，对绝大多数人来说，都是个硬道理。工资低的公司，即使企业文化搞得再好，也难留人。对高层次人才，工资较高但如果缺少培训和发展机会，仍然缺乏吸引力。所以公司在支付工资时，既不要一味地压榨员工的剩余价值，支付过低的工资；也不要一味地相信高薪养人，给公司带来无谓的巨大成本。

在支付工资时，将现金性薪酬和非现金性薪酬结合起来运用，有时能取得意想不到的效果。前者包括工资、津贴、奖金、"红包"等，后者则包括企业为员工提供的所有保险福利项目、实物、公司举行的旅游、文体娱乐等。有些公司专门为员工的家属提供特别的福利，比如在节日之际邀请家属参加联欢活动、赠送公司特制的礼品、让员工和家属一起旅游、给孩子们提供礼物等，让员工感到特别有"面子"。比如主管赠送的两张音乐会票、一盒化妆品，常会让员工激动万分。

总之，工资虽然看起来并不起眼，对于公司来说只是一项普通的事情，其实是有大学问，有技巧的。理解掌握这些技巧并熟练运用于公司的工资支付中，不仅能够为公司降本增效，还能够激励员工更好地为公司服务，实现公司和员工的双赢。

●税收筹划节约现金

　　孔子的学生子贡到南边的楚国旅游。他在返回晋国经过汉水南边时，看到一位老人正在给菜园里的蔬菜浇水。那位老人挖了一条渠道，一直通到井边。老人抱着一个大水罐，从井里汲水。水沿着渠道一直流到菜园子里。他不停地用水罐汲水，累得上气不接下气。虽然他费了很大的力气，但是效率却非常低。

　　于是，子贡走过去对老人说："老人家，现在有一种机械，用它来浇地，一天可以浇一百亩地呢，用不着费很大的力气效率却很高，您不想使用它吗？"

　　浇水的老人抬起头，看了看子贡说："你说的是什么东西？"

　　子贡十分认真地对老人说："将木头砍凿加工，做成一种机械，让它的后面重，前面轻，用它来提水，就像把水从井里连续不断地抽吸出来一样，水流得很快，哗哗地卷起的浪花简直像开水翻滚一样。这种机械名字叫做槔。"

　　浇水的老人听了子贡的话却愤愤然变了脸色。他不以为然地讥笑说："我听师傅说过，世上如果有取巧的机械，就一定会有投机取巧的事情；有投机取巧的事情，就一定会有投机取巧的思想。一个人一旦有了投机取巧的思想，就会丧失做人纯洁的美德；丧失了纯洁的美德，人就会性情反常；而一个人要是性情反常的话，他就会和社会、自然不合拍，成为一个与天地自然社会不相容的人。你所说的那一种机械我并不是不知道，只是因为我觉得使用它，就是在干投机取巧的事，而做投机取巧的事是很可耻的。"

　　这个抱瓮老人所说的一番道理，看起来有一些逻辑推理的正确性，然而他在机械效用上借题发挥，把刁钻、险恶与机敏、智慧混为一谈的做法则是错误的。这则寓言告诉我们，在新事物面前抱残守缺的人，不但做起事来吃力不讨好，而且还会被后人笑话。而对于现实生活中的我们来说也是这样，如果有更妙的办法，更好的捷径来做事情，我们为什么不能摒弃以往的做法，以一颗开放的心态来接受新的方法呢。

众所周知，纳税是我们应尽的义务，社会主义税收是国家积累建设资金的主要来源，是国家用法律手段从人民创造的财富中取得一部分的财政收入，然后通过财政支出，用以发展建设事业、巩固国防、保障社会安定、提高人民物质文化生活水平。"取之于民，用之于民"是我国税收的本质特征。

同时，企业是以盈利为目的的经济组织。股东作为企业的所有者，追求的是企业利润最大化，而税收作为一项支出，会减少企业的净利润，所以企业的管理者为了股东的利益，满足股东的要求，就有少纳税的动机。

在公司利益与国家利益发生冲突的时候，管理者应该怎么权衡？我的观点是：企业应该既按照法律的规定，做到依法纳税；同时也应该通过纳税筹划，合理避税，为股东创造更大的财富。

手段三十六：移花接木少纳税

移花接木指把一种花木的枝条或嫩芽嫁接在另一种花木上。企业的纳税也可以移花接木，通过转移税款，既依法纳税，不违反国家的税收法规，又节约了成本。在这方面，犹太人堪称楷模。

犹太人有很多脍炙人口的经商格言，"绝不漏税"便是其中之一。众所周知，犹太人以能够纳税为一大光荣。这条格言就是体现了他们强烈的纳税意识。

有这样一个真实的故事：一个瑞士人从海外旅行归来，将一颗宝石藏在鞋里企图偷税入境，结果被海关查出，宝石也被扣留。跟他同行的犹太人十分奇怪地问：

"为何不依法纳税，堂堂正正地入境？"

瑞士人说："按照国际惯例，那可是8%的税啊！"

"是啊，"犹太人说，"像宝石之类装饰品的税率，一般不会超过8%，如果你纳了税，就可以堂堂正正地进入国境，若想在国内再把宝石出卖时，只要设法提价8%就行了，这样简单的计算方法，小学生都会。"

可以说，犹太人依法纳税的做法其实是真正精明而且智慧的做法。千百年来，犹太人之所以能在异国他乡长期定居，而且赚的钱比本土国民还要多，在很大程度都归功于"绝不漏税"。

犹太商人在做一笔生意之前，总是要经过认真的计算，看这笔生意是否能挣钱。他们在计算利润时会先除去税款，这就是犹太人精打细算的风格。例如，一个犹太人这样说："我想在这场交易中赚10万美元的利润。"他所讲的10万美元的利润中绝对不会包括税款。

当然了，谁都愿意自己多赚点钱而少交税。所以，合理避税在犹太人看来，也是天经地义的事情。犹太人不会去偷税、漏税、逃税，而是想出其他绝妙的办法来避税，好让自己多赚点利润。

他们总结出了一套合法避税的理论，主要有以下四种：

（1）合法避税是经营活动与财务活动的有机结合，要在国家税收法律法规许可的限度内，做到合理合法。

（2）合法避税是经营时间、地点、方式、手段的精巧安排。决策者应该巧妙安排经营活动，努力使避税行为兼具灵活性和原则性。

（3）合法避税是会计方法的灵活运用，以避税行为增强企业的市场竞争力。

（4）合法避税是决策者管理水平的体现，需要充分研究有关税收的各种法律法规，努力做到在某些方面比征税人员更懂税收。

手段三十七：田忌赛马式纳税

"田忌赛马"的故事大家都很熟悉，由于孙膑的谋划，田忌赢得了比赛。企业纳税也一样，同样的账务，选择不同的会计政策和会计处理方法，最终企业应纳税额是不一样的。

根据我国财务制度的规定，企业材料费用计入成本主要有先进先出法、加权平均法、移动平均法、个别计价法、后进先出法等几种计价方法。不同的计算方法产生的结果是不同的，企业成本、利润及纳税额也是不同的。相对来说，先进先出法的成本费用较低。下面是企业不同税期应采取的成本核算方法。

企业所处不同税期应采取的成本核算方法

企业所处税期	利润和所得税情况	建议采用的成本核算方法
免税期	利润越多，免税额越高	先进先出法
征税期	利润越少，缴纳所得税额越少	后进先出法

固定资产折旧是成本计算中很重要的内容，自然也是纳税筹划重点关注的对象。所谓折旧，就是指固定资产在使用过程中，通过损耗转移到产品成本或商品流通费中的那部分价值。固定资产折旧的计算方法很多，企业常用的折旧方法有平均年限法、产量法、工作小时法和加速折旧法。不同的折旧方法对纳税企业会产生不同的税收影响。到底应该怎么利用固定资产折旧来避税呢？主要有以下两个方法：

方法一：将装修等可以费用化的内容一次计入成本费用中，这样就可以准确核算成本费用和应纳税所得额，起到税务筹划的作用。

方法二：在税率稳定的情况下，缩短折旧年限有利于加速成本收回，可以使后期成本费用前移，从而使前期会计利润发生后移，相当于向国家取得了一笔免费的远期贷款。

折旧并非现金的实际支出，其重要性就在于它可以抵减应税收入。由于使用年限本身就是一个预计的经验值，使得折旧年限容纳了很多人为的成分，为避税筹划提供了可能性。通常企业会在给股东的账册上用直线折旧法，而在纳税报表上用加速折旧法。这样，企业的盈利表现会高于普遍采用加速折旧时的利润水平。

让我们看看跨国巨头通用电器公司（GE）是如何合理避税的。

如果我问你，猜一猜 2010 年通用电器公司给联邦政府交的公司收入税是它的该年盈利的百分之几，你会说出一个什么数字呢？考虑到美国的公司联邦收入税上限为 35%，你大概会给出一个 15%～25% 的回答吧（因为公司有各种各样的减税手段）。可是，实际的答案是：尽管通用电器 2010 年的全球税前利润达 140 亿美元，它却不用给政府交一分钱的联邦收入税，而这已经是这个全球市场价值第一的公司第二年不用交联邦收入税了。

那么通用电器公司是怎样成功地将高达 140 亿美元的全球税前利润"忽略不计"呢？首先，这要归功于过去两年中通用电气金融服务公司因为全球金融危机而引起的巨大亏损——它的金融业务在 2008 年、2009 年亏损了将近 30 亿美元——而按照美国税法，这些亏损是可以递延到后面的年度来抵税的。因此，过去两年的这些巨额亏损，现在却给总公司带来了高达 3.25 亿美元的"税收抵免"。

如果我们把通用电器公司已经付过的所得税算进去的话，它 2010 年的实际税率应该是 7.4%，而不是 0。即使这样，相对于最高公司收入税率（35%），也是相当低的了——福布斯杂志在纽约时报发表上面那篇文章后对其他一些盈利较高的大公司的税额做了一个调查，发现该年度盈利较高的 20 个大公司的平均公司税率是 25%，其中"五百强"第一名的沃尔玛在 2010 年实际税率为其税前收入的 34%。所以，即使在类似的大公司中，通用电器公司的税率也是非常少见的。

通用公司的税率如此之低，除了上面说的几个原因外，还有一个重要的因素就是它通过在世界各地的分公司之间的"转移价格"，将大部分的盈利"转移"到了税率低于美国本土的地区（比如新加坡、爱尔兰等地），同时将成本转移到税率高的地区（比如美国），从而有效地减少了美国公司税的负担。过去三年中，通用电器公司的全球销售额有 46% 是在美国本土产生的，但它的全球利润却只有 18% 是发生在美国本土——这个"不匹配"与 1996—1998 年间的两个数字形成了鲜明的对比——15 年前，它的美国销售额和美国利润都占全球的 73%！这个变化，也从侧面表明，通用电器公司成功地使用了"转移价格"的手段来转移利润，逃避美国的公司税收。而在目前的美国税法上，这是完全许可的。

研究财务避税的根本目的，应该是"促使管理者对管理决策进行更加细致的思考，进一步提高经营管理水平"。

●过滤成本的法宝——互联网

导读小故事

Joe 原本是一家大型外企的高级员工，收入可观，但他一直想开一家属于自己的店。开店的想法源于一次出国旅行，Joe 注意到有的旅行者的背包总是干净利索，而同行中有的旅行者的行囊往往邋遢累赘。他意识到这是一个创业的好机会，Joe 决定办一个旅行用品专卖店。但开店并非像他想象得那么简单，Joe 的店花了足足四个月才在工商局注册成功，但开店所需的巨额资金还没有着落。一天，在他和朋友聊天的过程中，有朋友建议他不妨先在网上开个店试试，探探路，做做广告。

网上商店不仅减少了 Joe 开店所需的巨额资金数量，还可以利用网络为商品做广告，降低了企业的运营成本。

后来 Joe 总结了做个人电子商务的优势，主要有两点：一是价格低，二是能够与客户一对一地交流。Joe 也经常和那些在交易中结识的朋友交流"网上生意经"，他总是说，做生意首先要选准平台，要找成熟可靠、有信誉保障的电子商务平台，还有就是要选信誉好的客户。

对于没有足够资本做生意的人来说，借鉴 Joe 利用互联网这个强大的网络平台开设网店的经验是完全可行的。互联网不仅可以降低开店的资金要求，营运成本较低，而且开设速度快，效率高。互联网的出现，可以说是世界的一大进步，不仅增强了世界各地的联系，也为许多企业节约了成本，增加了创业的机会，它是企业未来发展的有力工具。

手段三十八：双管齐下

"用互联网降低成本，用实体店提升品牌"是电子商务的新准则。网络销售用经纬创投投资人肖敏的话说，就是"找到了一种非常新的资产扩张模式"。钻石小鸟背靠的是"互联网"这棵大树，价格能够比传统的珠宝品牌便宜50%，还能有利润。顾客可以在网上选择合适的裸钻、心爱的款式，甚至可以自己设计草图，让钻石小鸟的设计师将其变成现实。如果不适用网络服务，顾客还可以选择到钻石小鸟开设的实体店去亲自选款或试戴。徐潇，钻石小鸟的联合 CEO、创始人，总结钻石小鸟的经营为"网店的价格，会所的服务"。作为一家诞生于互联网上的钻石品牌，钻石小鸟依靠极具杀伤力的低价格征服了顾客，让"钻石"这个昂贵的商品在互联网销售成为可能。而当钻石小鸟成为互联网上的第一钻石品牌时，它却又从网上走入网下，开设体验店，在网络与现实的纵横交错中，塑造了自己独特的成长路径。企业应该学会利用网络这个巨大的资源，让采购、生产、销售各个方面与网络结合，节约企业的经营成本，促进企业的发展。

当沃尔玛在全球扩张建设超市时，亚马逊只是租用几个周转仓库就将其网上书店开设到世界各地，不管用户在世界什么地方，都可以通过互联网购得所需商品，同时亚马逊也无须在世界各地精心选择店铺地址、培训大量的员工，花费大量固定的人力和日常运转费用。

网络的进步可以使企业更加准确地估计产品需求量，从而可以合理确定企业的生产，进而降低企业的成本，同时，也可以充分利用信息技术和互联网开展网上直销，根据客户的要求定制产品。戴尔公司就是充分地将信息技术运用到企业中去，利用互联网进行较为准确的生产预测，根据客户的需要，生产定制产品。此外，网络还可以使企业的生产计划与市场销售的信息充分共享，计划、采购、生产和销售等各个部门之间可以很好地实现协同。

手段三十九：预防"病从口入"

企业的采购如果管理不善，使采购的原材料价格过于昂贵或质量低下，无论在生产过程中如何管理和控制，其产品都将直接受到影响。企业出现采购问题的原因主要是信息闭塞，这些信息包括商品价格、商家的信誉等，互联网就可以帮助企业解决这些问题，帮助企业完善日常运营。

网上采购对采购资源的优化整合主要表现在：

首先，企业可以利用互联网提供的信誉和质量信息选择合适的合作伙伴。

其次，互联网可以帮助企业准确把握价格水平，净化市场。企业可以通过不同供应商给出的不同报价，基本摸清所购物品的市场定价，并根据企业的具体情况选择企业可接受的价格标准，这样不仅可以使购买企业获得合理的购买价格，也为后期评价采购小组的工作带来了方便，同时可有效增加竞争的激烈程度和透明度，促使企业改进产品质量、改善服务质量、淘汰部分劣质企业。例如，温州一个个体户，免费在网上发布了求购鲨鱼皮的消息后，三天内，就收到了来自韩国、日本、秘鲁的多家水产商的报价，最低价格为 1 千克 50 元，而当时温州的价格为 1 千克 150 ~ 200 元。

相关调查资料显示，网上采购价格平均降幅为 20% 左右，而对于一些非常用物品，其采购价格的降幅就更为可观。在镇江改造过程中，需要利用橡胶垫建立临时库区，由于橡胶垫为工业原料，市场上供货的商家较少，本地有三家相关的供应商，商品价格为每平方米160元，但从互联网的相应网站上查询到相应物品的供货商，其产品报价为每千克10元，由此可降低采购价格60%左右。

再次，与传统的采购业务相比，网络采购的效率惊人，透明度较高。互联网使采购、竞标变得前所未有的快速、高效和公平，供求双方之间的信息更加透明，同时也可避免人为因素造成的采购与竞标中的不公正性，这不仅为采购人，还为供应商节省大量的时间成本和人力成本，促进供应商把更多的精力放在产品的技术含量及品质上。因而，企业借助网上采购，可以提高采购效率，降低采购成本，提高产品质量。

互联网除了可以提供供应商的信誉和产品的质量、发现价格、提高采购的效率之外，它还能将生产信息、库存信息和采购系统连接在一起，实现实时订购。企业可以根据需要订购商品，最大限度降低库存，实现"零库存"管理。如：戴尔公司通过网络，利用信息交换，使得上游的供应商能够及时、准确地知道公司所需零件的数量和种类，从而大大地降低了库存，提高了资源利用的效率。互联网还可以将采购信息进行整合和处理，集中统一从供应商订货，以求获得最大批量折扣。如美国的沃尔玛就是通过其零售管理信息系统将需要采购的信息统一汇集到总部，然后由总部再通过网络统一向供应商批量订购，获得最大限度的实惠。

手段四十：管理成本的天敌

许多企业已经将互联网应用到企业管理中，并且取得了很大的经济效益，利用互联网降低管理中的交通、通信、人工、财务、办公室租金等成本费用，可最大限度提高管理效益。许多人在网上创办企业也正是因为网上企业的管理成本比较低，为人们提供了独立创业和寻求发展的机会。互联网减少企业的管理费用具体表现在以下几个方面：

首先，互联网可以降低交通和通信费用。利用网上低廉的沟通工具如 E－mail、网上会议、网上电话等方式就可以进行及时有效的沟通。根据统计，利用互联网可以减少企业在传统交通和通信方面费用的30%左右，而且仍存在发展空间。对于小公司而言，互联网更是给它们插上了"翅膀"，不出家门就可以将业务在网上任意拓展。

其次，可以降低人工费用。互联网可以替代企业某些员工的工作，并能准确及时地自动完成。比如，美国的戴尔公司，最开始的直销是通过电话和邮寄实现的，后来利用互联网来完成直销，由客户通过互联网自动选择和下订单，然后互联网会将订单信息准确及时地反馈给企业。互联网带来的效益是非常明显的，不但用户可以在网上选择自己所需要的商品，直接向公司下单，戴尔公司也无须雇用大量的工作人员来处理企业的订单，而且可以避免其中可能出现的差错，大大提高了效率，降低了人工费用。因此，将互联网用于企业管理，不仅可以提高工作效率，使企业及时收到订单进行加工生产、将产品尽快地呈现在用户面前，还可以降低人为因素造成的损失。

再次，可以降低企业财务费用。企业根据市场需求合理地确定生产任务和存货数量，这样不仅减少了企业存货的储存成本，同时还减少了企业存货的资金占用量，提高了企业流动资金的利用效率。互联网可以向企业提供更加准确的市场信息，使企业能准确地确定生产任务和库存量。同时，借助互联网实现企业管理的信息化、网络化，可以降低企业对一般员工、固定资产投入和日常运转费用开支，企业可以节省大量的资金。

最后，可以降低办公室租金。亚马逊的网上书店就是典型例子，由于业务是通过网上来完成的，客户在网上下单，企业接到订单后迅速发货，它无须在繁华地段租用昂贵的办公场所，只需租用几个低廉的仓库。目前，借助互联网许多企业都把办公室从繁华中心搬到郊区，既避免了拥挤的交通，又可以在安静的环境下工作。

对于生产型企业，通过互联网可以将其产品发包给其他的企业生产，并合理地采取业务外包的方式。希尔捷公司是世界最大的硬盘生产企业之一，其所在的行业是一竞争非常激烈的市场，该企业就将自己非核心的业务（物流、售后服务、IT服务等业务）外包给全球物流巨头USP公司，利用互联网进行信息的交流与合作，并可以及时追踪货物去向，提高企业的效率，增强应对市场变化的能力。

● 资金百宝箱，智能现金池

在日本历史上有一场著名的战争，对阵双方分别是织田德川联军与武田军，当时的武器十分落后，仅类似于老式猎枪，每打完一枪，都要从枪口插入短棒去除火药渣，这道程序完成以后才可以打第二枪。

从双方实力来看，联军明显处于劣势，但其领导者织田信长采取了一个反败为胜的战术：把作战士兵排成三排，第一排开完枪之后，第二排、第三排接着开，结果就可以连续开枪，形成快速反击，最后十分强大的武田军被打败了。

在战争中，撞墙就是一种浪费。反思武田军的失败，恰恰由于擦枪、装枪的动作延误了作战时间、降低了作战效率，将更多开枪的机会拱手让给了敌人。

在运用资金的过程中同样潜藏了这种浪费的危机。例如，有些集团公司内部各子公司的现金结余情况完全不一致，有些子公司具有高额的现金结余，并且融资能力较强，而有些子公司却负债累累，手中的"资金"寥寥无几。处于同样一个集团公司中，资源没有被合理配置会导致大大的浪费。

手段四十一："汇流成河"的现金资源

管理大师彼得·德鲁克认为，企业只有两种关键性资源即资源和资金。这个理论可以成为企业进行成本控制的基础。

对企业而言，资金是最重要的资源。越来越多的管理者开始重视资金的集中管理，但在真正实施的过程中很难有效执行。

我国很多企业都存在资金分散的现象。以一家由事业单位改制而成的集团公司为例，该公司在各县市拥有独立法人资格的分公司70多家。由于规模庞杂，集团公司的资金几乎全部分散在分公司账户上，等到集团公司真正需要资金启动项目时，常常捉襟见肘。想要从分公司调动资金，却遭到分公司推辞；虽然总现金流有20多亿元，但能集中使用的现金寥寥无几，因此从银行周转资金也总是不顺利。

企业面对这种状况，唯一的方法就是集中资金，越是规模大的企业越需要资金集中管理。然而问题恰恰出现了：如何集中管理资金？如何做到有效、高效？

资金是企业的血液，资金管理是集团型企业财务管理的重点，有效的资金管理模式能够促进企业"血液"快速、良性循环，使有限的资金用在"刀刃"上，最大程度上提高资金的时间价值和经济效益，另外，也能保证资金的安全。目前，国内很多集团企业都存在"三高"的现象，把高额的闲置资金沉淀在银行，同时借入高额的短期贷款，高额的财务费用吞噬了企业的利润，也打压了净利润的增长。因此，现金模式的引入，对于集团型企业资金集中管控的重要性便显现出来。

说到2008年金融危机中各个国家是效率，首先是中国，其次是美国，最差的是欧洲。为什么我国的救市效率最高？政府集中管理在提高效率上起到了重要作用。美国次之，因为美国政府拥有发行美元的功能以及政府的权利。而在欧洲，欧盟组织较为松散，决策效率低下。归根到底，还是体制的问题。企业管理资金的效率就像这种国家的管理和运用资金的效率一样：危机条件下，集中管理是一种节约成本，最大限度利用资源的有效途径。

某著名500强跨国电子集团（称为"甲公司"）通过其金融服务公司（称为"乙公司"）统一管理集团资金；乙公司为甲公司所有成员企业提供流动性管理、现金流集中、优化资产负债结构、管理资金风险等全方位金融咨询和财务方面的支持。中国资金管理网引用甲公司内部统计，乙公司为集团贡献了大量资产和稳定的高赢利，在2008年乙公司运作的资产达到113.3亿欧元，占甲公司集团总资产的

12%；税前收益为 2.9 亿欧元，占甲公司集团全部税前收益的 10%；净资产收益率达到 31.4%。可见，资金集中管理可以提高企业的经营效率和业绩。

手段四十二：现金池——资金管理新功能

现在企业常常用到"现金池"来进行企业资金的管理。

通用电气公司（GE）在中国的投资是从 1979 年开始的，迄今为止已经投资设立了 40 多个经营实体，投资规模逾 15 亿美元，投资业务包括高新材料、消费及工业品、设备服务、商务融资、保险、能源、基础设施、交通运输、医疗、NBC（全国广播公司）、环球业务和消费者金融等十多项产业或部门。通用电气公司在中国的销售额从 2001 年的 10 亿美元左右增长到 2005 年的近 50 亿美元。随着业务的扩张，各成员公司的现金集中管理问题由于跨地区、跨行业的原因显露出来。在通用电气公司现金池投入使用之前，通用电气公司的 40 家子公司在外汇资金的使用上都是"单兵作战"，有些公司在银行存款，而有些公司则向银行贷款，从而影响资金的使用效率。只有人民币业务在 2002 年才实现了集中控制，人民币的集中管理也是通过现金池业务的形式由中国建设银行实施的。

通用电气公司在中国设立的一个母公司账户，这就是所谓的现金池。每个子公司在母公司的账户底下设立子账户，并虚拟了各子公司有一个统一的透支额，在每天下午 4 点钟，银行系统自动对子账户进行扫描，并将子公司账户清零，当子公司有透支时，从集团现金池里划拨归还，记作向集团的借款，并支付利息；如果有结余，则全部划到集团账户上，记作向集团的贷款，向集团收取利息。这样一来，通过子公司之间的内部计价，对各子公司而言，免去了与银行打交道的麻烦；对企业集团而言，节省了子公司各自存款产生的利差负担。

现金池业务，是指属于同一家集团企业的一个或多个成员单位的银行账户现金余额实际转移到一个真实的主账户中，主账户通常由集团总部控制，成员单位用款时需从主账户获取资金对外支付。这种形式主要用于利息需要对冲。

以公司总部的名义设立集团现金池账户，通过子公司向总部委托贷款的方式，每日定时将子公司资金上划到现金池账户。日间，若子公司对外付款时账户余额不足，银行可以提供以其上存总部的资金头寸额度为限的透支支付；日终，以总部向子公司归还委托贷款的方式，系统自动将现金池账户资金划拨到成员企业账户用以补足透支金额。根据事先约定，在固定期间内结算委托贷款利息，并通过银行进行利息划拨。

当前很多集团企业资金管理并不监控分公司的资金状况，各分公司独立管理自己的内部资金，这样就造成了有的分公司资金有很大的结余，有的分公司资金严重短缺。在资金短缺的情况下，集团企业会向分公司下拨贷款或者分公司自行向银行等金融机构贷款，这样会加大财务费用，减少企业利润。现金池变外源融资变为了内源融资，减少了利息费用的支出。在现金池中，不同账户上的正负余额可以有效地相互抵消，账户资金盈余的子账户的资金自动地转移到资金不足的其他子账户，这样一来，企业的资金得到了充分的运用，在集团内部就能够满足融资需求，而无需外部融资，既简化了手续，也大大降低了融资费用。

我们来举个例子，假设 A，B，C 同属一个集团公司，A 日均盈余 40 万元，B 日均盈余 20 万元，而 C 日均透支 30 万元。假设协定存款利率为 1.44%，贷款利率为 5.67%。很明显，集团通过设立现金池较之前能够获得较多的利息收益。

某大能源公司（这里称为"乙公司"）从另一角度展现资金管理的收益。根据公开报告信息，乙公司集团在 1998 年全年销售收入 2 500 多亿元人民币，利息支出为 157 亿元。通过实施资金集中管理，乙公司集团在 2007 销售收入超过了 1 万亿元，利息支出仅为 46 亿元。尽管还可能存在其他因素导致利息支出的下降，但资金集中管理降低利息支出的趋势是显而易见的。另外，乙公司集团 2002 年对票据集中实行了全额管理，将票据资金集中纳入了总部，仅 2007 年就节省资金 1 207 万元。资金集中管理直接降低了企业资金的成本。

另外，通过现金池，母公司能够及时了解各个子账户现金流量的情况，明确内部控制责任和加强内部控制效力，方便管理。其次现金池将集团中多余的资金集中起来，这样可以进行更有效的投资活动，为企业增加收益。即使企业不进行投资活动，大额的存款也可以使企业获得较高的协定存款利率。

资金集中管控在风险管理上同样发挥着重要的作用。我国某领先电子消费产品公司的子公司众多，曾面临各成员单位独立收付汇、外汇资产离散、大额的外币资产的风险管理困难的情况。该集团公司后来实施了外汇集中管理项目，为集团建立了内部交易对冲的汇率风险管控体系。截至2007年，该公司自我估计该项目实现内部共享20多亿美元，节约汇兑成本逾5 000万元人民币，累计为集团外币资产规避汇率损失达数亿元人民币。

在现金池管理模式中，集团企业结算本部的现金池账户可以将各成员单位现金池中基本账户和一般账户上的盈余自动划拨到现金池中，再将现金池中的资金根据实际情况下拨到资金不足的子账户中。这样企业集团的资金得到了充分的运用，无需进行外部融资，没有任何烦琐的手续，减少了利息支出，同时可以规避个别账户由于资金不足造成透支情况需要向银行交纳罚金及罚息的风险，实现集团内部资金共享。

"现金池"的根本目标是确保资金的安全可控和高效运行，也就是让企业"血液"畅通循环。在"现金池"这种集团现金管控模式中，集团总部要发挥"老大"的作用，不仅要对下属各子公司的资金收支进行实时监控，而且要强化集团内部资金的调剂，强化企业的"造血"功能，灵活摆布资金头寸，优化资金配置，降低现金持有规模，加速资金周转，提高集团总体资金使用效率。实践也表明，公司在现金控制上的分权体质也容易造成总部在公司资金控制上的"无能为力"。各子公司独立作战，会导致公司赢利能力降低，加大公司财务风险。对此，以把控现金流为重点的财务集中管理是唯一理性的制度安排，以提高总部的控制能力，解决安全性问题。

另外，企业实施资金集中管理可获得丰富的融资渠道。能否从银行获得贷款的根本就是企业还本付息的能力是否强大。企业集团各子公司的发展是不平衡的：有的子公司经济实力雄厚，经济效益好，较容易获得商业银行的贷款，而有的却经济实力弱，财务状况差，难以得到商业银行的支持。这种状况在很大程度上影响了企业集团内各子公司的平衡发展和企业集团整体实力的提高。企业进行资金集中管理之后，各子公司不再单独与银行发生信贷关系，而是由财务结算中心办理。企业集团的经济实力比单个子公司要强得多，从而提高了企业集团的信用等级，使得企业集团更容易从银行获得融资，同时还可以降低融资成本和费用。

活血篇
加速现金周转

●流水不腐，存货抵押融资

导读小故事

从前，有一个很有钱的富翁，担心自己的黄金随时会被歹徒偷走，于是就跑到森林里，在一块大石头底下挖了一个大洞，把这袋黄金埋在洞里面。隔三差五地，这个富翁就会到森林里埋黄金的地方，看一看、摸一摸他心爱的黄金。

有一天，一个歹徒尾随这位富翁，发现了大石头底下的黄金，第二天就把黄金给偷走了。富翁发觉自己埋藏已久的黄金被人偷走之后，非常伤心，正巧森林里有一位长者经过此地，他问了富翁伤心欲绝的原因之后，就对这位富翁说："我有办法帮你把黄金找回来！"

话一说完，这位森林长者立刻拿起金色的油漆，把埋藏黄金的大石头涂成黄金色，然后在上面写下了"一千两黄金"的字样。写完之后，森林长者告诉这位富翁："从今天起，你又可以天天来这里看你的黄金了，而且再也不必担心这块大黄金被人偷走。"

富翁看了眼前的场景，半天都说不出话来……

别以为这个森林长者的脑袋有问题，因为在森林长者的眼里，如果金银财宝没有拿出来使用，那么藏在洞穴里的一千两黄金，与涂成黄金一样的大石头就没什么两样。

对于中小企业，我们听到最多的就是资金紧张，融资困难。原因无非是中小企业规模小，缺乏核心竞争力，抵御市场风险的能力差；管理不规范，财务制度不健全，信用观念淡薄。在他们眼中，银行总是喜欢"傍大款"的，显然，中小企业并不是银行眼中的"大款"。但是，这些中小企业的老总有没有想过，其实自己也有某一方面的优势，也是可以装大款的，只要有善于发现的眼睛。

手段四十三：一样的存货，不一样的用途

"流水不腐，户枢不蠹"的意思是流动的水不会腐臭，常常转动的门轴不会被虫蛀蚀。比喻经常运动的事物不易受到侵蚀，可以保持很久不变坏。其中的奥秘就在于一个"动"字，运动起来才能求得发展，运动才能带来生机与活力。企业的存货也是同样的道理，让存货待在仓库中"睡大觉"是一种浪费，只有让存货动起来，才能为企业带来收益。那么如何让存货动起来呢？答案就是存货抵押融资。

对于有着融资需求的中小企业来说，不动产的缺乏使其难以获得银行的贷款。而在经济发达国家，存货抵押融资业务已经开展得相当成熟。在美国等发达国家，70％的担保来自于以应收账款和存货为主的动产担保。存货抵押融资是中小企业以原材料、半成品和产成品等存货作为抵押向金融机构融资的业务。和传统银行贷款集中在不动产抵押或者第三方担保公司担保相比，存货抵押融资是利用企业与上下游真实的贸易行为中的动产为抵押从银行等金融机构获得贷款。

从激烈争论到达成共识，已经过六次审议的《物权法》草案将"企业应收账款与存货作为动产担保"写入其中。这对早就患有资金"饥渴症"的国内中小企业来

说，可谓雪中送炭。

采购过程的原材料、生产阶段的半成品、销售阶段的产品、企业拥有的机械设备等都可以当做存货抵押的担保物。在操作过程中，第三方物流企业作为监管方参与进来，银行、借款企业和物流企业签订三方合同，银行为中小企业提供短期贷款。

存货抵押授信是存货融资中最基础最常用的产品，也是当前银行应用最广泛的产品。它是指借款企业以自有或第三方合法拥有的动产作抵押的授信产品。为了控制风险，一般银行需要第三方物流企业或监管机构对客户提供的存货抵押的商品实行监管。

虽然存货的范围变广泛了，但银行出于风险的考虑和贷款的方便，对企业用来担保的存货品种还是有一定限制的。银行倾向于抵押货物的品类较为一致，比如钢管、钢材等，货物的价值比较容易核定，如有色金属、黑色金属、木材等。在抵押率方面，不同种类的存货、不同的银行都会设置不同的抵押率。一般而言，原材料比较容易变现，抵押率比较高，产成品虽然市场价值高，但相对来说不易变现，所以抵押率会低一些。

其实存货抵押融资离我们并不遥远，真实的案例就在我们身边。

很多年以来，企业积压的产品，是不能作为银行贷款抵押物的，主要原因就是这类产品的价值和保管存在局限性。然而，一家媒体的记者在绵阳采访时却发现，工行绵阳游仙支行在小微企业融资上，采取了"存货抵押贷款"模式，为确保对抵押物的有效监管，还引入了第三方监管。

绵阳金鑫铜业有限公司的厂区里，堆放着大量从各地收集来的铜丝、铜线、铜块等废旧铜产品，公司主营业务就是把这些废旧铜产品经过冶炼融化后，制成电缆卖出去。"销路不愁。"该公司负责人很自豪地告诉记者，公司第三条生产线正式建成后，"这条线一天的产值就可达2 000万元"。

在工行绵阳游仙支行行长熊刚眼中，这是一家"非常好"的企业，目前与工行在信用贷款、商品融资、国内保理等业务上都有合作。据称，当初在金鑫铜业试点商品融资，"也就是存货抵押贷款"，主要是考虑到它的原材料是有色金属铜，作为大宗商品，其价格波动有一定规律，潜在价值比较好判断，有利于银行控制信贷风险。熊行长表示，在对这批抵押物进行监管时，双方约定引入第三方，"都是带'中'字头的专业公司"。

手段四十四：双赢的智慧，新的融资方式

开展存货质押贷款业务，不仅对企业有利——缓解了资金的紧张，同时对银行也是有很大好处的。对于银行而言，存货质押融资是一种金融产品，其主要特点是：有实际的货物作为债券保证；有第三方中介——物流企业对货物实施监管，并对货物的真实性、安全性承担责任；贷款安全系数提高，贷款规模扩大；有稳定的客户。

银行开展存货抵押融资业务的主要客户是一些中小型企业和民营企业，企业只要交一些保证金，银行就可以提供 3~4 倍的贷款用于企业的生产和销售。以广东发展银行为例，该行目前 80% 以上的客户为中小企业，70% 以上的贷款投向这些企业，提供金融服务的中小企业大概有几万家。

当前金融机构面临的竞争越来越激烈，为在竞争中获得优势，必须不断地进行业务创新，这就为存货抵押融资的诞生奠定了基础。存货抵押融资业务可以帮助银行吸引和稳定客户，扩大银行的经营规模，增强银行的竞争能力；可以协助银行解决抵押贷款业务中银行面临的"物流瓶颈"——抵押物仓储与监管；可以协助银行解决抵押贷款业务中银行面临的抵押物评估、资产处理等服务。

存货抵押作为一种新型的融资方式，目前认可度还不是很高。当然，这其中可能与银行方面的产品宣传有关，可能推荐力度不大。更深层次的问题可能还在于企业缺乏以多种渠道来融资的意识。不动产抵押贷款等传统方式还是牢牢地植根于企业家的经营思维之中。

其实融资也有创新，融资方式照样可以灵活变通，切忌因固化的思想而停住脚步。当然，前提是以能够确保双方各自利益为基础。

存货抵押贷款是指以企业合法拥有的货物为质物，交由银行占有，由银行指定的第三方监管人监管而发放的贷款。存货抵押贷款作为新的融资模式，至少有两个很诱人的条件：一来可以满足缺乏不动产抵押物企业的融资需求；二来可以盘活企业存货，给企业补充现金流，特别是对那些拥有较多贵重金属、木材、原纸、化工原料等的企业，存货抵押一般是首选的融资方式。

当然，为了有效化解贷款风险，银行选择委托第三方来监管企业，监管方往往会入驻企业，关注企业存货的情况。但这个环节往往会出现两个问题导致企业谈存货抵押而色变：第一是成本问题，这方面各方都有自己的认知，对于这一种新型的融资方式，由于无法预计该种贷款方式损失的风险，利率普遍较高无可厚非。在这方面或许政府会考虑出台一些补贴的措施。第二是信任问题，由于涉及第三监管方，企业普遍对外来者持怀疑态度，这方面有赖于银行委托的监管方必须诚信、负责。

上述的两个方面，只是一种认知上的误解，并非无解决方法。接受存货抵押这一新型融资方式迫切需要的是企业转变思维，这有待于企业敞开心怀。

●变废为宝，应收账款一定要收回吗

导读小故事

1946 年，一对犹太父子来到美国，在德克萨斯州休斯敦做铜器生意。父亲问儿子一磅铜的价格是多少？儿子的回答是 35 美分。父亲说："对，每个人都知道一磅铜的价格是35美分，但作为犹太人的儿子，你应该说3.5美元，你如果把普通的铜加工成有用的器具，价值就会增加。"20年后，父亲死了，儿子独自经营铜器店。他把铜加工成铜鼓、瑞士钟表上的簧片、奥运会的奖牌。他曾把一磅铜卖到3 500美元，这时他已是麦考尔公司的董事长。后来，纽约州的一堆垃圾使他扬名万里。

1974年，他买下了自由女神像翻新扔下的废料，未提任何条件，当场签约。没有人愿意买下这堆积如山的铜块、螺丝和木料。许多人都不理解他为什么花一笔巨款买下这堆垃圾，如果处置不当还会受到环保组织的起诉，就在一些人要看这个得克萨斯州人的笑话时，他开始组织工人对废料进行分类。他让人把废铜熔化，铸成小自由女神像；他把木头加工成底座；废铅、废铝做成纽约广场的钥匙。最后他甚至把从自由女神像身上扫下的灰尘都包装起来，出售给花店。不到3个月，他让这堆废料变成了350万美元，每磅铜的价格整整翻了1万倍。

常规的想法只会给你普通的成功，而优秀的头脑可以给你巨大的成就。在商业化社会里，每一种行业中，都有人赚大钱，有人赚小钱，有人赔钱，是没有等式可言的。当你抱怨生意难做时，也许有人正因点钞票而累得气喘吁吁，我们应该换一种思维去看待周围的事物。企业里经常会有大量的应收账款，它们就像血液中的血块，是一种固化的血液，不能在血管中流动，不能给企业带来生机和活力，反而会影响企业的健康发展。当企业缺少资金的时候，就需要在这些固化的资金上动脑筋，怎样才能让这部分固化的"血液"转化成流动的新鲜的血液，增强企业的活力呢？

首先我们应该认清应收账款的本质以及企业应收账款所面临的法律环境。应收账款是买卖双方采用赊销结算方式产生的，应收账款的广泛应用，在一定程度上减轻了买方的资金压力，促进了卖方的销售业绩，是企业在日益激烈的市场竞争环境下为扩大业务量和市场占有率，把产品和服务赊销给客户，为客户垫付短期资金而采取的一种商业促销策略。销售扩大的同时企业应收账款的数额也逐渐增大，使企业的资金凝固在应收账款上，造成现金短缺，影响着企业的资金周转与日常营运，甚至引发财务危机。

利用应收账款进行融资，可以使企业将这部分资金以一种新的方式转化为流动的现金，保证企业的正常运转。这种融资方式起源于美国，逐渐被西方国家所采用，已成为企业融资的一种新途径。国际上，按照与应收账款债权相关的风险和报酬是否已经发生实质性转移，将应收账款融资的融资方式划分为应收账款质押融资、应收账款保理融资和应收账款证券化三种方式。我国动产担保制度的改革直接推动了金融创新的步伐，拓宽了企业特别是中小企业的融资渠道，降低了企业的融资难度，为商业银行信贷业务开拓了市场，特别是为资产证券化提供了基础条件，完善了信贷市场结构体系。

手段四十五：应收质押，乐在"融融"

当企业急需资金用于经营周转或投资于回报率较高的项目时，可以把应收账款这块固化的血液转化成流动的资金，以满足企业的资金需求，获取更多的回报。应收账款质押融资是国际上针对中小企业的主要信贷品种之一，可盘活企业沉淀资金，是缓解中小企业融资担保难，增强中小企业循环发展、持续发展能力的重要途径。在美国，约95%的中小企业融资有动产担保，应收账款类融资额约占全部商业贷款的四分之一，规模接近6 000亿美元。2007年9月30日，为配合《物权法》的实施，央行公布了《应收账款质押登记办法》，央行征信中心建设的应收账款质押登记公示系统也于2007年10月8日正式上线运行。应收账款质押登记制度的建设，为应收账款质押融资顺利实施提供了有力的制度保障。

应收账款质押融资是指企业把应收账款作为质押担保品，以期从银行获得贷款，属于一种可循环使用的短期贷款。这里的应收账款虽然也是一种质押担保物，但与其他的担保有所不同，应收账款本身可以产生一种自动还款机制，能够随应收账款的收回来清偿贷款。在传统的担保贷款中，银行只有在企业违约时，按照有关程序将质押担保品拍卖后，才能偿还企业所欠的贷款，而作为质押品的应收账款，其风险由借款企业承担，与银行无关。应收账款质押通常与企业的现金流相连，只要该应收账款产生的现金流流入企业，企业就能归还贷款。例如甲企业以赊销的方式出售产品，并将其现有的和未来的所有应收账款的担保物权转让给乙银行，乙银行据此提供授信贷款。在甲企业没有违反它与银行签订的担保协议的情况下，企业有权收取现有的应收账款，并且如果保持正常的营销活动，不断地产生新的应收账款，可以继续从银行取得授信贷款。当甲企业违反担保协议时，应收账款才由提供贷款的乙银行收取。一般来说，甲企业的客户不会被告知应收账款上设有担保物权的事实，除非出现了甲企业未能及时偿还银行贷款的情形。

应收账款质押融资的具体流程：①卖方与买方签订销售合同，出具发票，形成应收账款；②卖方以应收账款质押的方式向银行申请贷款，并向银行提供相关资料；③银行审核后发放贷款；④买方向卖方支付应收账款；⑤卖方向银行还款；⑥卖方通知买方，在债务到期后将款项直接汇入卖方在银行开设的结算账户。

应收账款融资属于短期融资，一般为 30 天、60 天或 90 天，以应收账款作为担保，通常采取授信额度的方式。对银行而言，应收账款融资的费用主要是收账费用和利息成本，而对于债务人来说，应收账款融资的成本远远低于因提前获得资本带来的收益，所以会选择延期还款，使得债权人不能按时收回资金。当企业无法获得长期资金时，就需要将应收账款合理变现，拓宽企业的融资渠道，以满足企业资金需求，解企业的燃眉之急。某家具制造厂主要生产仿古家具，该厂所生产的家具产品对原材料的要求较高，因为原材料珍贵，所以原材料的采购需要现金交易。但家具制造商将产品销售出去后，货款回收期较长，一般为 40 ~ 90 天，由于工厂自有资金有限，而且没有固定资产可以用于抵押融资，企业资金筹资渠道较为狭窄，造成资金紧缺，无力接受较大的订单，影响企业规模的扩大。新制度颁布后，该企业灵活地使用手中的应收账款，将应收账款质押融资，企业通过将未来销售家具产生的应收账款质押给银行作为贷款的担保，使企业迅速筹得所需资金，并立即投入生产，将销售后收到的款项用于偿还银行贷款。因此，企业利用应收账款进行质押融资，可以缓解资金紧缺的现状，利于企业规模的扩大，降低企业的经营风险。

手段四十六：借别人的名，成自己的事

20世纪70年代，石油危机影响了全世界经济的发展，美国西部传来了一个让所有石油公司都为之振奋的消息：在德克萨斯州发现了一块储量丰富的油田！各石油公司纷纷筹措资金，准备在拍卖会上一争高低。谟克石油公司老板道格拉斯也对这块"肥肉"垂涎欲滴，可是仅凭自己又怎么能竞争过拥有千万乃至上亿资本的石油大亨们呢？他想到：自己是美国花旗银行的老客户，所有的资金都存在该银行，能不能请银行总裁琼斯出面，替自己去参与竞拍呢？琼斯是美国无人不知、无人不晓的银行大王，他要是出面，那些石油大亨们想必会有所顾忌。最终，琼斯答应了他的请求，拍卖会上他的到来引起了轩然大波：怎么回事？银行大王也要买油田？所有的竞标企业都慌了手脚，因为如果琼斯想买油田的话，恐怕没有人有能力与他竞争，整个拍卖会从起拍到结束只用了5分钟，结果是资金最少的企业——谟克石油公司获得了油田的开采权。

这是个非常典型的借用别人的优势达到自己目的的例子，谟克石油公司没有多少钱，但是他能把银行家搬来，吓跑了所有竞争者，道格拉斯的借势计谋玩得实在高明。保理融资与之类似，它实际上就是在赊销贸易中，银行用买方的信用为卖方融资，是企业的一种债务转让。

应收账款保理是指卖方或供应商与保理商之间存在的一种契约关系，根据该契约，企业把由于赊销而形成的应收账款有条件地转让给银行，银行为企业提供资金，并负责管理、催收应收账款和坏账担保等业务，企业可借此收回账款，加快资金周转。保理实际上是一种融结算、管理、担保、融资为一体的综合业务，其本质就是一种债权转让。例如某建工集团与某房地产公司合作开发大型项目，房地产公司欠建工集团3 000万元应收账款，由于建工集团急需资金周转，于是该建工集团与银行签订应收账款保理业务合同，约定从3月1日至10月1日，银行向建工集团

提供最高不超过 3 000 万元的保理额度（此保理业务有追索权，即如果到 10 月 1 日，房地产公司未能按时付款，建工集团须在 3 日内无条件地履行回购义务）。建工集团利用应收账款保理，提前收到所需的资金，从而有效改善流动资金周转状况，减轻了企业的资金压力。

国内保理业务主要适应于卖方以赊销结算方式进行的国内贸易，申请企业需要具有良好信用记录，且具备完善的应收账款管理体系，财务状况良好，产品销售渠道通畅，所经营的产品质量稳定，卖方与买方之间有稳定的产品买卖关系。例如甲公司是一家世界 500 强的电子产品生产企业，注册资金 2 000 万美元，年销售收入 30 亿，是各家银行争取的优质客户。某银行对其授信评级为 A 级，并且以纯信用方式为甲公司确定了 3 000 万美元的授信额度，但甲公司基本没有使用。甲公司生产原料的 40% 来自国内采购，每年的采购量为 8 亿元左右。甲公司的周边聚集了一批原材料和零部件供应商，公司对供应商统一采取赊销 90 天的结算方式，这就造成了供应商流动资金普遍紧张的局面。由于供应商大多属于中小企业，难以通过常规渠道获得银行授信支持，甲公司希望银行帮助解决其供应商融资困难的问题，但又拒绝为其提供任何债务担保，因此银行利用甲公司拥有银行充裕的授信额度的优势，在甲公司确认有关应收账款、同意放弃争议的前提下，为其供应商提供保理融资。最终银行选择了三家供应商作为保理对象，三家供应商每月各产生 1 300 万元的应收账款，应收账款余额保持在 3 900 万元，银行为三家公司核准了 3 200 万元的保理融资额度，该额度实际上占用了甲公司在该银行的未使用授信额度。三家供应商供货后将应收账款转让给该银行，由甲公司对相关应收账款进行确认并放弃争议，银行在此基础上提供保理融资，融资余额保持在 3 000 万元左右。甲公司在应收账款到期时向银行付款，该款项用来偿付银行对其供应商提供的保理融资。这项保理融资业务最终实现了三方的共赢，解决了企业的资金周转问题，银行也获得了相应的业务收入。

国内保理融资的具体流程：①供应商向购货方以赊销结算的方式销售自己的产品或提供服务，供需双方签订协议并产生应收账款；②供应商向银行提出办理国内保理业务的申请并提供相关材料，向银行提供包括购货方资料在内的各种资料；③银行对供应商和购货方进行审查，若审查通过后，与供应商签订应收账款融资协议；④银行向供货方发放应收账款票额 80% 融资款项；⑤应收账款到期日前银行通知购货方付款；⑥购货方将款项汇入银行指定账户；⑦银行扣除融资本息和费用，余款支付给供应商。

一般而言，具有保理性的应收账款应当产生于易被买方接受、易消耗、交易频繁且重复销售的商品所形成的交易。保理商理想的保理客户应该是具备经营良好、资质良好、前景良好、销售额充足、商品或服务"可保理"、付款条款令人满意、资信良好、买方分布合理、买方国家有国际保理商协会的成员保理商等特点。

手段四十七：学会变通，柳暗花明

一个富翁向银行借了 1 美元，在银行要求他为该项贷款提供担保时，富翁便把自己拥有的价值 50 万美元的一堆股票、国债等作为担保品交给了银行。很多人都会对他的行为感到不解，为什么只借 1 美元呢？富翁的回答让我们大吃一惊，他说他想把自己的一堆股票、国债放到金库的保险箱里，但是由于租金昂贵，于是他就想用 1 美元的贷款利息当做他的租金。很多情况下，所谓的"传统智慧"、常规和习惯却捉襟见肘，某些常规和习惯往往在潜意识中控制了我们的行为，打破以往的常规和习惯，不被各种禁忌、成规、习惯所束缚，就会取得常人意想不到的效果。当企业的应收账款不能及时变现的时候，有的企业想尽各种办法去催收账款，不惜动用收款公司，花费大量的收账成本，甚至会破坏企业之间建立起来的合作关系，但有的企业却打破常规，选择了另外一种变现的方法，那就是将应收账款证券化。

应收账款证券化融资是利用资产证券化融资原理运作的一种融资方式。随着我国经济体制改革的不断深化以及世界经济一体化进程的加快，金融需求层次的不断提高，促使金融不断创新，它的诞生和发展极大地推动了我国经济的发展，同时也是企业应收账款融资方式的重大突破，为企业的发展注入了新的活力。应收账款证券化融资就是以应收账款原始受益人所拥有的项目资产为支持，通过一定的结构性重组，由特许信托机构或特殊交易机构在资本市场上发行证券，将其转变为可以在金融市场上出售和流通的证券，以实现融通资金的方式。应收账款证券化的意义就在于企业将应收账款的风险分散和转移给了证券化产品的购买者。

2000 年 3 月，中集集团与荷兰银行在深圳签署了总金额为 8 000 万美元的应收账款证券化项目协议，此协议有效期为三年，三年内，凡是中集集团发生的应收账款，都可以出售给荷兰银行管理的资产购买公司，由该公司在国际商业票据市场上公开发行商业票据，总发行金额不超过 8 000 万美元。在此期间，荷兰银行将发行票据所得的资金支付给中集集团，中集集团的债务人则将应收款项交给约定的信托人，由该信托人履行收款人职责；商业票据的投资者可以获得高出伦敦同业拆借市场利率 1% 的利息。

从中集集团的应收账款证券化的案例中我们可以看出，中集集团只需花两周时间，就可以提前获得本应需要 138 天才能收回的现金，加速资金的回收，缩短了资金筹集的时间，开辟企业新的融资渠道，筹资低成本资金，降低了企业的负债率，将公司风险和国家风险与应收账款的风险隔离开来，实现了破产隔离，降低了投资者的风险，提高了融资的成功率。能将流动性较差的应收账款出售并证券化，有效地提高应收账款周转率，有利于盘活优质资产，提高运用和管理资本的能力。

我们可以进一步分析，相对于其他融资方式，应收账款证券化融资的好处：①相对于股权融资来说，资产证券化融资具有不分散股权和控制权的好处；②相对于发行企业债券直接融资来说，通过资产证券化融资不会形成追索权，因而可以分散风险。

●玩转风险收益，适度灵活投资

导读小故事

台湾某电脑集团董事长从小就展露了非凡的商业才能。年少的时候，他曾经帮着母亲卖鸭蛋和文具。鸭蛋3元钱一斤，卖出一斤只能够赚3角钱，只有10％的利润率，而且如果没有及时卖出鸭蛋还会坏掉，就会血本无归；文具正好相反，利润比较高，做10元的生意至少可以赚4元，利润率超过40％，是鸭蛋的4倍多，而且文具长时间摆着也不会坏掉。从表面看起来，投资文具要比鸭蛋划算得多，不仅是从利润率还从存储条件上来看，都是如此。卖鸭蛋是一笔"不划算"的买卖。

但是事实上，据这位董事长后来在讲述经验时说，卖鸭蛋要比卖文具赚得更多。鸭蛋虽然利润较薄，但最多两天就能周转一次，资金很快就能连本带息地回收，投资回报期很短；文具虽然利润较高，但有时半年甚至一年都卖不出去，不仅占用本金，利润更是早被利息吞噬一空。表面上看来投资文具要比卖鸭蛋"划算"得多，但实际情况却并非如此！

手段四十八：投资策略灵活变换

针对不同的经济态势，企业就需要根据不同的具体情况来改变投资战略。出于对经济利益和经济不景气两方面因素的考虑，企业应尽量投资回报期较短的业务，促进现金回笼速度。原因就在于，虽然回报期较长的业务利润要比回报期短的业务利润更高，但由于前者资金回流速度比较慢，占用资金较为巨大，容易出现资金周转不灵的风险，在经济萧条时期不宜采用。

上面这位既卖鸭蛋又卖文具的董事长，年少时就具备的商业才智体现在他能够同时考虑到利润与投资回报期之间的关系，卖鸭蛋——投资回报期短，优势就是能促进现金流动，从而增加利润。

企业在投资时，千万不能只看重高利润和高回报的业务，决策时一定要兼顾投资的回报期。在现金吃紧的时期，宁可投资利润较低但回报期较短的小业务，也不要盲目投资利润很高但回报期长的大业务。蛇吞象，绝非易事，说不定最后就把自己葬送了。

投资回报期短，虽然利润率往往不高，但是现金周转较快，因此即使选择回报期短的项目也不意味着企业的利润就少，聚少成多、聚沙成塔的道理大家都懂。另外，投资回报期长的项目，占用了大额资金，现金周转的速度很慢，而且一旦投资决策失误，就要面临一步错，满盘皆输的局面，会令企业元气大伤。对于投资回报期短的项目一般投资总额也不大，即使决策失误，将其抛弃，对企业的影响也不是致命的。船小好调头，说明的就是这样一个道理。

2012年9月初，中国中铁发布消息称，公司2011年起已不再投资高速公路BOT项目，因早前已投资建设10条BOT项目，根据公司资金负债结构，该等项目已足够支持未来发展。中国中铁2012年上半年公司负债约4 000亿元，这是一个绝对令人咋舌的负债额度，公司今后也将在有息贷款方面增强融资预算管理，争取将负债控制在合理水平。高速公路BOT项目投资回报期长，基于公司目前的高负债水平是明显不合适的，对中铁现金流的稳定是大忌。因此，公司未来将集中投资回报快、时间短、风险可控的短期项目，公司将不再进行建成及回报总计超过五年的项目，也主要是基于现金流的考量。只有持续、稳定、健康的现金流，才能保证企业的可持续发展，切忌因小失大。

企业在经济低迷时期，应尽量投资回报期较短的业务。但企业如果只投资回报期短的业务，赢利波动就会非常大。而如果企业只投资回报期长的业务，不但资金回流较慢，而且因为资本投资较为巨大，容易出现资金周转不灵的风险。这种时候，企业该如何抉择呢？要解决该问题最理想的方法就是将不同回报期的业务进行组合，以实现回报期方面的风险分散。

"长江实业"以多元化投资来分散风险，比较突出的一个案例就是1997年对"和记黄埔""长江基建"和"香港电灯"的重组，重新搭建集团新的架构。

从经营回报角度来说，"长江基建"重组前的核心业务是投资基建业务。这些业务投资回报期长，属于高风险投资，赢利也不稳定，虽然经营回报从1996年的9.7亿港元上升到1999年的13.3亿港元，但随后便一直下跌，2001年跌至5.19亿港元。对于"香港电灯"而言，由于香港电力需求稳定，其回报表现也相当稳定，从1996年的44.75亿港元上升至2001年的67.15亿港元，每年都稳步上升。

从现金流角度出发，"长江基建"投资庞大，有资金压力，1996年投资活动现金净流出额达33亿港元，1997年达38亿港元，而"香港电灯"有大额现金净流入。

把"长江基建"和"香港电灯"联合起来可实现上述的风险分散：两者业务性质相关较低；"长江基建"回报期长，而"香港电灯"已经有稳定而连续的回报；"香港电灯"有平稳赢利达至平滑赢利效果。这样，"香港电灯"可为"长江基建"提供稳定的现金流，帮助"长江基建"业务发展。自收购"香港电灯"后，大大增加了"长江基建"的赢利。稳定的现金流就是有这样的功能，它有助于集团内其他业务的发展，也能降低遇到困境时出现财务或资金困难的风险。

"长江实业"把"和记黄埔""长江基建"和"香港电灯"进行重组，使整个企业的综合赢利有了决定性的变化，一方面既提供了充足的现金来源，另一方面又保证了大幅度的赢利。

不同的业务有着不同的回报期，对当前经济状况敏感度也不同。回报期短的业务能在较短时间内迅速获得丰厚的利润，现金流量也比较连续；回报期长的业务能保持收入稳定，但资本投资较为巨大。企业在做出投资决策时一定要综合考虑，把回报期长短不同的业务结合起来，既保证现金流的畅通，又要获取更多利润。

手段四十九："金牛产品"的充沛现金流

波士顿咨询集团于 1960 年提出过一种波士顿矩阵，用来帮助管理层实现对多种产品的组合进行分析。其中有一种"金牛产品"，不需要大量的资本投入，却能产生大量的现金收入。金牛产品产生很高的现金回报，可以用来提供企业其他产品所需要的资金。对于企业倾向于选择何种行业进行投资，"金牛型行业"毫无疑问是投资的绝佳选择。"金牛型行业"能够产生充沛的现金流，用以支持企业其他投资项目的资金需求。

通常情况下，零售和酒店等行业的现金流比较连续，是一种投资的好选择，具体说来，这就是掌控现金流的行业战略。近年来一些有实力的大企业投资流通业，就是冲着现金流去的。新希望集团总裁刘永好就坦言：新希望进军流通业的原因之一，就是零售业具有连续的现金流。国内著名的复星集团，其投资的核心，就是现金流的平衡。当然，商业流通领域对于复星集团也具有重要的战略意义，复星旗下的联华超市、豫园商城，有遍布全国的连锁药店，有 200 亿元的零售额，按照国内的惯例，起码有三到四个月的时间，大约有 60 亿元的供货商资金可以延期支付。除此之外，还有一些特殊的行业，也有充沛的现金流量，比如旅游业。

资金管理的目的就是在保证企业生产经营活动所需现金的同时，尽可能节约现金，减少现金持有量，而将闲置的现金用于投资，以获取更多的投资收益。换言之，企业应该在降低风险与增加收益之间寻求一个平衡点，以确定最佳现金流量。这一点是非常重要的。

手段五十：打理现金流，投资者不妨量身筛选

　　企业在经营管理活动中不可避免会产生闲置的资金，对于这些闲置的资金，企业又该如何打理呢？其实有这样的两种基金——货币市场基金和短期理财基金，同属于低风险、低门槛、低费率的固定收益类品种，都可以作为打理现金流的产品，投资者不妨"量"自身需求去进行选择。

　　首先，在投资门槛上，相对于银行理财产品动辄5万元的起点，两者的最低申购金额都很低。其中，货币基金最低申购金额为100元，短期理财基金申购金额一般在1 000元。其次，在灵活性上，货币基金在工作日可随时申购、赎回，灵活性堪比活期存款。而短期理财基金一般都有一个短暂的封闭期，在封闭期内不开放日常赎回，只在运作期结束前的几个工作日可以赎回，灵活性相对弱些。第三，在投资范围上，目前短期理财基金允许投资的信用级别更宽泛，限制更少，如对信用债的级别要求降低，存款的比例、回购比例放宽等，有望提高短期理财基金收益率。

　　此外，短期理财基金采用投资期限明确、定期开放的模式，有利于避免货币基金遭遇的套现规模冲击问题，确保持有者投资组合稳定。因此，投资者若追求高流动性，第一选择是货币基金。若打理闲置资金，对流动性要求不太高，可选择收益率略高的短期理财基金。

　　总而言之，企业就是要在经营决策过程中灵活地变换投资策略，经济低迷时期要更关心回报期较短的项目投资；现金流充沛的"金牛型行业"应该是企业有利的投资选择对象；对于闲置资金的打理，不妨考虑短期理财基金。只有这样，企业才能加速资金周转，获得稳定健康运行的现金流。

图书在版编目(CIP)数据

问道财务:50种掌控现金的手段/吉利,蔡丛光主编.—成都:西南财经大学出版社,2013.1
（财务老鬼）
ISBN 978 – 7 – 5504 – 0899 – 9

Ⅰ.①问… Ⅱ.①吉…②蔡… Ⅲ.①企业管理—现金管理
Ⅳ.①F275.1

中国版本图书馆 CIP 数据核字（2012）第 291676 号

问道财务:50 种掌控现金的手段

吉 利 蔡丛光 主编

策　　划:谢廖斌
责任编辑:张明星
助理编辑:谭炜麟
封面设计:袁　海
版式设计:台湾崧博文化
责任印制:封俊川

出版发行	西南财经大学出版社(四川省成都市光华村街 55 号)
网　　址	http://www.bookcj.com
电子邮件	bookcj@ foxmail.com
邮政编码	610074
电　　话	028 – 87353785　87352368
照　　排	四川胜翔数码印务设计有限公司
印　　刷	四川新财印务有限公司
成品尺寸	170mm × 230mm
印　　张	7.25
字　　数	110 千字
版　　次	2013 年 1 月第 1 版
印　　次	2013 年 1 月第 1 次印刷
书　　号	ISBN 978 – 7 – 5504 – 0899 – 9
定　　价	28.00 元

1. 版权所有,翻印必究。
2. 如有印刷、装订等差错,可向本社营销部调换。